U0330834

大夏书系·教育思想录

课堂的高度决定学生的高度

中国著名特级教师教学思想录（三）

朱永新 主编
新教育研究院 编著

华东师范大学出版社
·上海·

图书在版编目（CIP）数据

课堂的高度决定学生的高度：中国著名特级教师教学思想录．三／
新教育研究院编著；朱永新主编．
—上海：华东师范大学出版社，2024
ISBN 978-7-5760-4871-1

I. ①课… II. ①新… ②朱… III. ①中小学教育—教育研究
IV. ① G632.0

中国国家版本馆 CIP 数据核字（2024）第 063702 号

大夏书系｜教育思想录

课堂的高度决定学生的高度——中国著名特级教师教学思想录（三）

主　　编　朱永新
编　　著　新教育研究院
策划编辑　李永梅
责任编辑　韩贝多
责任校对　杨　坤
装帧设计　奇文云海 · 设计顾问

出版发行　华东师范大学出版社
社　　址　上海市中山北路 3663 号　邮编 200062
网　　址　www.ecnupress.com.cn
电　　话　021-60821666　行政传真　021-62572105
客服电话　021-62865537
邮购电话　021-62869887
地　　址　上海市中山北路 3663 号华东师范大学校内先锋路口
网　　店　http://hdsdcbs.tmall.com/

印 刷 者　北京密兴印刷有限公司
开　　本　700 × 1000　16 开
印　　张　16
字　　数　226 千字
版　　次　2024 年 5 月第一版
印　　次　2024 年 5 月第一次
印　　数　6 100
书　　号　ISBN 978-7-5760-4871-1
定　　价　69.80 元

出 版 人　王　焰

目 录

序　让思想的光芒照亮教育的路程

我一直认为，教育是一个技术活，但更是一个思想活。成功的教育，优秀的教育人，无论他是一位教师、班主任、校长，还是局长，支撑他站立在教育大地上的力量，一定是思想。没有思想的教育，一定是站不住、走不远的。

多年前，我写过这样一节小诗：

教育需要思想的光芒
走出经验的泥沼，迎接理性的朝阳
再不能用一张教育的旧船票不断重复昨天的故事
也不能把一张教育的旧兰谱不停地老调重唱

技术和思想，是“毛”与“皮”的关系。思想皮之不存，技术毛将焉附？基于这样的认识，2000年，我在主编“新世纪教育文库”时，特地亲自主编了《中国著名特级教师教学思想录》《中国著名班主任德育思想录》和《中国著名校长办学思想录》三本小书，并为每本书撰写序言，向读者推介这些从一线中生长出来的教育思想。其中，除了《中国著名特级教师教学思想录》是根据柳斌先生主编、江苏教育出版社的同名系列图书选编的外，其他两本是我自己开出名单、亲自邀请作者撰写的。

十多年来，这三本书一直深受欢迎，多次重印。这些特级教师、优秀班主任和校长的教育思想，影响着许多年轻教师、班主任和校长的成长，甚至被很多教育工作者称为自己的案头必备。

江山代有才人出。十多年过去了，又一批年轻的特级教师、班主任和校长成长起来了，又有许多新的故事、新的思想。于是，我想到了修订这套书，并且邀请了时任新教育研究院新阅读研究所副所长的朱寅年兄协助我完成这个项目。

我一直认为，如果说特级教师影响的是一个课堂，班主任影响的是一间教室，校长影响的是一所学校的话，那么局长影响的是一个区域。教育局长的思想与境界，同时也会直接影响到校长、班主任和教师。因此，我决定增加一本《中国著名教育局长管理思想录》。

感谢寅年兄和《中小学管理》杂志的主编曾国华先生，他们两位拿着我的邀请信一个个联系，一次次催促，前后一年多的时间，终告完成。特别是寅年兄，在新阅读研究所工作任务繁重的情况下，克服许多困难完成了这项任务。

需要说明的是，不唯资历，不唯名气，重视思想，重视实力，是我们选择、邀请作者的标准；但是，有许多人符合条件，却或因没有时间，或因无法联系，或因自己放弃而没有来稿，故这套书仍然存在不少遗憾。我希望这套书是一个开放的系统，条件成熟时可以不断增补，让它成为记录这个时代教育风云人物思想的史册，成为照亮教育路程的一盏明灯。

同样需要说明的是，收录于这套书中的每位教师、班主任、校长和局长都有自己的过人之处，都有自己的"功夫秘籍"，我们在编排时没有厚此薄彼，完全是根据作者的姓氏音序而安排的。

一本真正的好书，是作者、编者、出版社和读者共同完成的。所以，我要特别感谢江苏教育出版社和华东师范大学出版社。感谢江苏教育出版社为这套书最初的出版付出了辛勤的劳动，感谢华东师范大学出版社在新版编辑出版过程中卓有成效的工作。感谢朱寅年先生和曾国华先生在新版组稿联系过程中具体而微的努力。感谢亲爱的读者朋友们，无论你是老师、校长、局长，还是教育行业以外的朋友，但愿这套书能够给你启迪，让这些扎根于中国大地的教育思想能够照亮我们教育的路程。

朱永新

2015 年 12 月 20 日写于北京滴石斋

冯卫东

江苏省特级教师，中小学正高级教师，南通市教师发展学院副院长。江苏省“333”人才培养工程首批中青年科学技术带头人，南通市专业技术杰出人才。连续获江苏省第三、四、五届教育科学优秀成果二等奖，获江苏省基础教育教学成果特等奖一个、一等奖一个、二等奖两个，获江苏省哲学社会科学优秀成果三等奖一个。代表作有《今天怎样做教科研：写给中小学教师》《为“真学”而教：优化课堂的18条建议》，都入选《中国教育报》“年度影响中国教师一百本书”。

胜己胜于胜人，利人利于利己

“胜己胜于胜人”这句话是我想出并送给苏州一所中学的，意思是学校教育、课堂教学不要让任何一个学生沦为失败者，而要努力成为每个人的“胜场”。“胜”未必是胜过其他人，最重要的是胜过自己，胜过自己的意义比胜过他人更大。我借这句意思未必很新而表达却颇有意趣的话提醒他们更要重视对学生进行增值性评价，并引导学生学会如此看待自己。

之前给山东某市一个校长研修班讲学校文化设计，其间，胜利路中学校长问计于我，我将这句话“转赠”给他，他非常喜欢。第二天，他想出并发给我“利人利于利己”一句，问这样说妥不妥。做有利于他人的事，这也将有利于个人合理的利己愿望或目的实现与达成，正如人们常说的“赠人玫瑰，手有余香”，当然是妥的，并同样值得咀嚼和回味。我“转赠”于他一句美言，他“回赠”给我一句妙语，这件事即印证了一个道理：利人利于利己。

今天写这篇文字，不禁想到上面这一件事、这两句话。就我个人近 40 年教育职业生涯和作为一名特级教师的成长经历而言，这 12 个字也在较大程度上是对自我“师者形象”的刻画，对自我成长感悟的概括。

“绝对成长值”与“相对成长值”

“绝对成长值”与“相对成长值”这两个概念亦由我想出。

我个人的“绝对成长值”并不很大，虽也忝列特级教师、省内中小学教科研系统首批正高级教师，但与跟自己较为熟悉抑或还颇为友好的李镇西、华应龙、孙双金、薛法根等国内一流名师相比，则有“不可以道里计”的距离。“耳顺”在望的我，偶尔会和人说，“我的未来不是梦”，可心里清楚，受制于过去不甚厚实的基础、不甚优异的业绩，以及长期以来逐步形成、难免有所固化的思维模式等因素，个人未来的发展空间不可能很大，难以在事业上取得重大突破。说到底，我终究是一个“优秀得有限”的人。

但我的“相对成长值”却着实不小。不必说，小学五年，“我本差生”（2003年我发表的一篇回忆性散文的题目为《我本差生》）；不必说，求学南通师专那三年，各方面表现平平，连小组长都没当过；也不必说，初为人师时，经常写别字、念错字，甚至判学生作文中写的“忍俊不禁”为“生造词语”——此前我确乎没见过这个成语，更不懂它的意思——引得该生背着我，在许多同学面前说“新来的语文老师水平奇差”。就说工作20年时，由于一位领导赏识、提携，调进市教科所，可此前自己所获最高专业荣誉只是县级骨干教师，若用现在的选人标准来要求，进这个人才济济的科研机构，门儿都没有……但“入所”以来，我的成长与发展却是少有的大而快：仅两年，成为市学科带头人；再过三年，获评特级和正高，成为全市教科研系统200多位教师中首个“双料王”；再接下来，可持续发展力及各种荣誉较之以往有过之而无不及：主持多项省级（及以上）规划课题以及项目；出版多部较有影响的优秀畅销和长销教育图书；连续三届获评省教科研优秀成果奖，获省政府哲学社会科学优秀成果奖；以自我不断形成和巩固的专业特长助推不少学校、教师走上内涵发展、科研兴教之路。如今，调入教师发展机构，成为有一定影响力和美誉度的科研导师和“教师的教师”，由我“亲炙”、得我“栽培”、受我影响的优秀教师越来越多，自己为市域教育教师队伍建设乃至我国中小学教科研事业发展作出一定的或比较显著的贡献。“不跟人争，只与己比”，比出自信，比出欣喜，也比出永远不愿“躺平”、把“终身成长”当作人生乐事和幸事的精气神。

我较大的“相对成长值”更多创造于离开教育一线、成为教科研人员之后的这十多年，其间的“成长曲线”基本都是上扬的。就眼前这两三年来说，已然进入40年职业生涯最后一个阶段，若“成长曲线”趋于缓和乃至有所下行，都是正常的、合乎情理的，可它依然有攀升之态，有时甚至还略显陡峭。

话讲回来，这不等于说在20年一线工作的时光中，我就没有或只有很小幅度的成长。尽管成长趋势确乎不比后来那么强劲，但总体是聊可自慰、“有善可陈”的。

工作第二年，获知省里开始举行大专起点中文本科段自学考试，第一时间报名，并在其后两年半中，“凡有所考，必有所报”，除中国通史一门，由于自身曾有一点“学科优势”而生轻敌之心，未能一次性通过，其他学科都所向披靡。最难考的是中国文学史，指定考试用书为游国恩先生等主编的四大本书，我先后通读三遍，最后一遍以自问自答的形式，做了几大本笔记，结果，在据说只有10%通过率的情况下，考得72分。我是全省乃至全国各个学科（专业）首批通过自学考试途径获得本科文凭的学员之一。那段时光，我打下迟来却还算不错的基本功，并养成凡事更多反求诸己、乐于自学等习惯。受益于此，常常觉得学习相关新知识比较容易“上手”和理解。这应该是愈发扎实的基本功所自带的“吸附功能”使然。

“知耻而后勇”，我发愤努力，也是在工作第二年，获学校有30余名青年教师参加的粉笔字、普通话等多项教学基本功比赛总分第二名；第三年送首届初中毕业班，和其他科任教师一起，打破区内一所兄弟学校不可战胜的神话，成绩刷新本校历史，而我所教本届共两个班的语文更是把对手远远甩在身后，“荣膺”学校唯一一项“教学成果加级特等奖”（特等奖还要加级，这恐怕“空前绝后”）。现在反思，那时确有应试教育之嫌，但现实的教育形势就这样，我无法免俗；而和同样为学生考试拼力奋战的同行相比，我应该说比较“得法”。至此理所当然站稳讲台，比人们通常所讲的成为成熟型教师的“五年期”缩短了许多。

我后来之所以能走上教科研管理工作岗位，自有领导厚爱的因素在，也与自己确实在这方面表现出浓厚兴趣和一定特长有关。工作之初那些年，许多教师有一种强烈的“文字膜拜”，自己写的内容变成铅字，是一件有点“神圣”的事情。我较早发表处女作，后来经常写点散文、小小说和相当于教后感的研究文章，慢慢上升到一定的理性高度，写出若干篇多少有点理论成分的文章（论文）。那时候，江苏省有“五四杯”中学青年教师教育教学论文竞赛，可谓“全省中学青年教师教育生活中的一件盛事”。第二届时我写了一篇《谈写作教学中教师的最优“角色”形象》，我把这“形象”定位于“以身作则的下水者”，文章发表于《江苏教育》赛事专栏，却成了此届唯一发表而没能获奖的作品，原因是“论点难以服众”。到了第三届，我一气写下三篇参赛作品，它们都入围一等奖候选作品，其中《从语文教育的角度看教师与当代“通俗文化”新潮》一文，最终成为全省共 12 篇一等奖作品之一。从名落孙山到摘金夺银，仅仅用了两年时间，有无获奖的差距确实不小，而更值得看重的是，两届作品所表现出的主题高下、思想深浅、“格局”大小和形象“老嫩”之间的差别，真不是一种寻常量变，而是质上的“蝶变”。不难想见，两年 700 多个日子里，我是多么勤勉、刻苦……

其实，“相对成长值”积久之后则会自然“转化”为一种“绝对成长值”，就像一座山体，倘若有几段乃至更多比较陡峭的斜坡，兀自凸显于一些较为平实的基石之上，它最终总不至于成为一坨小土包，或者一个小山岗，自有其较为高耸和伟岸的身姿一样，说到底，相比于更多同龄人或同时代教师，我是活出了“人生的精彩”的，也活出了略可自信的“绝对成长值”。不过，我更看重和满意于个人的“相对成长值”，对于一个更为眷顾自己内心的人，我想说的是，“它若不小，成功的人生自来！”

胜己，更多的是“内心之胜”

胜己，更多地表现为“内心之胜”，亦即内心对自己相关行为、表现等的认同感和获得感——获得感也是一种获得，甚至是最大的获得。若无“内心之胜”，人生必定充满挫败感、沦落感，即便真的在某些时候、方面和某种程度上“胜己”了，也很难有“胜己（或自胜）感”，其“胜己”之举亦难以为继。

“内心之胜”亦即布鲁纳（Jeroms Bruner）所说的“内在奖励”。他把学生在学习上受到的奖励分为外来奖励和内在奖励两种，认为外来奖励是必要却不够的；要使学生愈来愈自觉地、持久地学习，必须使之得到内在奖励，即是说，激发学生学习兴趣和好奇心，使学习对学生产生诱惑力，使其通过完成学习任务本身获得满足和愉快。我是一个“学不可以已”的“学者（学生）”，在近40年职业生涯中，我“因学而生（成长）”，并且基本上都是自学的，没有别人驱使，也较少受外在（功利）目的或者说外来奖励的“诱使”。我确证，自己获得“成功”的最大动力是三个朴素之至的字眼——“我喜欢”。说得深刻抑或哲理一点，即“眷顾（服从）自己的内心”。

——我比较勤勉、刻苦，又勤而不觉苦。

如果剥夺我的“勤勉权”，不让我静心又勤奋地学习、实践、思考、研究，那才真的是一件“苦事”。我曾为本地一位名师写过一篇文章《幸福是“苦”出来的》；倘若我还能跻身“幸福师者”之列，那同样是“苦”出来的，这种“苦”是一种外苦内甘、虽苦犹甜、人以为苦而我却陶然自乐的特殊情形。著名考古学家夏鼐自认为是“天生的读书种子”，“念书成了瘾，用功这个词和我无关”。

我也“念书成瘾”，进而对专业成长上的一应事宜都有强烈的依赖感，都“成瘾”；虽说并非天生，而是自我久久为功、不断“进化”而来的，可一旦“进化”成“读书种子”，再要回到从前，或者摆脱其间的巨大磁性、魔力，却颇为困难，甚或绝无可能。

我未曾受过专门的学术训练，可也形成了真正属于自己并且灵动有效的“治学路子”：只要很感兴趣、颇有兴味的东西，都会顺藤摸瓜，或者“沾着芝麻就打油”，如刘勰《文心雕龙》所说，“振叶以寻根，观澜而索源”，在目力（精力）所及范围内，“上穷碧落下黄泉，动手动脚找东西”（傅斯年语）。如此学习久了，于不知不觉、悄无声息之中渐渐形成内在的“网络结构”，并且不是单一维度和层次的。我能感到大脑中有一个立体化、有点“庞大”而又“阡陌交通”的“思路”。一方面，它使脑筋变得愈发畅通、活络，常于瞬间由此及彼，想到许多，稍后反观或捋上一遍，发现方才的“畅想曲”有一定的内在逻辑，由此可以见到某种于己于人都有一定创意的“思想雏形”，也因而不少学校、许多教师愿意请我为他们出点子、献智谋；另一方面，我不时“在结构化思维中积攒收获”，每有阅读所得、观察所思、生活所悟，则会“积攒”到那个“思路”或网络之中。我不愿做“知识的搬运工”，我要做“思想的生产者”。

我承认自我并非“生活在别处”，而是栖居于一己世界里，在此自得其乐，就像一个“种豆南山下，草盛豆苗稀。晨兴理荒秽，带月荷锄归”（陶渊明《归园田居》）的农人。累是累点，但能丰衣足食，还能独享清风朗月、山影遥迢、稻香沁脾等带来的闲情逸致。我知足也自足！

——我喜欢见异、履新，可也无意于招摇过市、抢人眼球。

在一线教学、三尺讲台上度过整整20个春秋，因了个人“乘兴而来，兴尽而归”的文人习气，既有乐于创造的热情、敢于创新的勇气，我坦言，也有一些做得不好、值得反思的地方。如在阅读教学方面，早期模仿钱梦龙的教学方法，让学生自读课文、提出疑问，然后对之加以归纳、概括，以“生本问题”

(这是后来想出的一个概念）来组织教学；也是早期，尝试运用情境教学法，如教柯岩抒情诗《周总理，你在哪里》，借来录音机、录音带，在一段悲情音乐渲染下，和学生一起声情并茂地读诗、背诗……除此之外，我走的差不多还是自己研读文本，然后将研读所得“告诉”学生的老路。

因为自己很长时间都是一名“文学青年”，因此“爱屋及乌”，一直钟情于作文教学，在此新意迭出。现在想来，我之于学科教育这两大块的失衡说到底是因为自己未能完成由“文人”向语文或人文教育工作者的转型。譬如命题，我给第一届初中毕业生最后一次作文拟的题是“十年之后忆今朝”，要学生站在十年之后的时间节点上，回忆十年之前的“今朝”，要把十年前后所见之景、所行之事、所想之念等有机联系起来，发挥丰富而又合情合理（事实上未必有而道理上却可以有或应该有）的想象，写一篇有点复杂的记叙文，用著名课程论专家张华教授的话说，它旨在“培养创造着的儿童”；给高一新生布置的第一道作文题是“我理想中的语文课是这样的”，尽管其“命意”显著高于一般学生的现有理解和表达水平，可因为抚在一些学生心中的痛点或痒处，所以出现了若干“我手写我心”、自然而真诚的优秀习作，更使全体同学无形中形成了作文要说真话、新话而不说假话和老话的“首因效应”，至少在创意表达这一维度上，我所带的班绝对大大领先于同类班级。

这些做法在当时较为封闭的农村中学不免有点“异类”的感觉，更有一些让人“惊掉下巴”的“出格”之处。譬如，让学生现场出题，由我“口占”一文，由他们边听边记，再作修改。有一次，学生出的题是“我说施拉普纳”（施拉普纳是中国男足首个外籍教练，1992 年率队打入亚洲杯足球赛半决赛，次年却未能如众所愿，帮助球队取得世界杯参赛资格，一下子由神坛跌入低谷），一课时内，我“说”出一篇有理有据、不乏新见的议论文，然后大家一起议长论短，修改完善，有关“时事评述类”作文应该怎么写的知识，无须多言，学生自能悟获；在期末考试时，让学生就我的一篇小小说进行阅读理解、写文艺短评，不久在《中学语文教学参考》发表《我让学生品“拙作”》一文；1996年，在县中优秀教师公开选调中，以类似课例获得最高分而成功入选，并在下学期执教高三年级唯一“创新班”语文课……

阅读教学我建树不多，写作教学我则形成了自己的风格，“带出”一些写作尖子、几名作家苗子。那时候，黑龙江有一本深受师生双方欢迎、影响很大的杂志——《作文成功之路》，每期都要发表数篇七八千字的长文，我每投必中，最主要的原因是出人意表、另辟蹊径。后来，上海名刊《语文学习》举行“全国创新作文教学案例大赛”，我以一篇《“对话”，为我赢得成功》夺银。它比较全面和系统地建构和表达了我的“对话作文教学观”，这还在第八次课程改革启动之前几年。

……我愿意带着我的“弟子”们在作文这方天地里尽情“对话”，做一群实实在在的“思想者”；我也愿意在这条探索和前行的路上，有更多“同道人”，我还会把自己的“对话”体会毫不保留地告诉他们——

“对话”是对学生作为大写的“人”的一种尊重，是对其主体地位的一种体认；

“对话”者谈写作技法而不应唯“技”是谈、唯“法”是看，而必须站到“作文即做人”的高度（这不应该是“大道理”），才有广阔的视野，才有磊落的气度，也才能克服柔弱的文风，写出真正的大气；

“对话”的“此方”对写作要能“如鱼饮水，冷暖自知”，要能在亲身践履中获得亲切体会，否则，对“彼方”的“谈话”就是隔靴搔痒，就是实质上的缺席对话；

对话的最终旨归之一是“创造让教师崇拜的学生”，而“崇拜”不限于“将来时”，一旦学生写出“我之不能”时，无妨取一种“仰视”的视角，这未必是一种“自轻自贱”，或许恰好相反，会“增加你的高度”“衬托你的威仪”（舒婷《致橡树》）……

——我有“用之不竭”的表达欲，我以此来“组建自己的灵魂”。

余秋雨先生说：“一个不被挖掘、不被表述的灵魂是深刻不了、开阔不了的。不被表述的灵魂无法不断地获得重组。不断地表述实际上就是在不断地组建自己的灵魂。”我则说，写作是一种“全身运动”，是一项“系统工程”，它还是“教师最好的专业自修”。

关于后面这句话，发生了一件有趣的事：几年前，我为山西一个教育考察团作论文写作方法讲座，其间说到它，一位老师误把“自修”听为“刺绣”，还在“美篇”中就此写下一段颇有诗意的话：“让我们以手中的笔为绣花针，以我们的课堂为锦缎，以学生多彩而美好的心灵作丝线，去描绘杏坛的春天！”其实，手中的笔何尝不是“（教育的）绣花针”，写作又何尝不是一种“（灵魂的）刺绣”？我没有刺绣的巧手，却可以养成、拥有“刺绣”的“灵心”。

我之所以取得差强人意的成绩，写作有很大的贡献。没有它，我就不会读那么多的书、想那么多的事，更不会有如今令一些校长和教师赞赏、称奇的新点子、好主意。我曾有幸面晤福建师范大学孙绍振教授，他说“写出来才是最高水平”。确实如此，写作是对自我浅显、模糊或飘忽的理念、意绪等的深化、廓清与确认，写作能使自己悄然地长知识、提水准。我希望自己成为一个“水平高”的人，仔细想来，其间好像没有什么明显的或强烈的“显摆”动机；我甚至在一些公共场合，愿意“退居”到一个不显眼的地方或角落，如作家贾大山所说“小径容我静，大路任人忙”，沉浸到个人思想或精神的世界中，做一个以“自娱”为主，也能适度“娱他”的人，是多么开心的事！

也因此，这些年来，“我手写我心”，几乎每一个文字都是从心底流漾出来的，赢得了不少朋友和读者的好评。他们说，我的文章没有矫情之感，自然、清新，常常娓娓道来，不知不觉中把人带入一种思想或境界之中。是的，我喜欢随物赋形的感觉，也喜欢把自己作为倾吐的对象，愿意在“倾听自我”的过程中，感受灵魂的自由和生命的惬意。对于一个早逾“知命”的、尘世中的人而言，如此描写和刻画自己，本身就足以说明他比较纯粹。不错，我承认自己的“纯粹性”，它也得到不少“知我者”的认同。

我想不到在当下纷扰的世道中“做一个纯粹的人”有何不好。也因了这份纯粹，我不喜欢着意使自己的文字变得怎样，譬如看似很高端、很学术化；不喜欢“兜售”什么故弄玄虚的概念，尽管我也为自己、为学校或教师“炮制”过不少概念，而它们差不多都如我所说，“无须解释就能明白，一经诠释比较深刻”。也因此，绝不会为了某种功利目的而找门路、托关系，以便到较高级别的刊物上发文章；常常为一线教师出主意、选题目、找资料、给指导、改稿子、作推荐，却绝不会出面替他们送人情、买版面……写作不是为了别的，写作本身就是目的；“教育写作”既是写作，也是教育，我乐意经由文字将自己“教育”成一个称不上“高尚”却说得了“纯粹”的人。

没有文字就没有我的思想，没有思想就没有我“这样子的人”，我对自己作为一名教师而“长成”现在“这样子的人”比较满意。在漫长的“成长”旅途中，我很少跟自己“较劲”，更多的是“陪伴”自己，用著名书籍设计师朱赢椿先生的话讲则是“和自己好好地相处”。他说，“这是对自己最大的关爱”。对，是“陪伴”——陪着、伴着自己在一条适意的路上行走，终于走出一段不算太远，也不是很近的距离。

我没有辜负自己，也不曾像励志故事所说的那样“战胜自己”。所谓“胜己”，说到底只是“活出了自己”，在内心拥有一段“属己的风景”。

利人利于利己

贾大山说：“我不善于总结自己，也不善于设计自己。”相形之下，我比较善于总结自己，却不善于设计自己。我似乎从未把自己“设计”为一名特级教师，可当某天想着不妨尝试申报的时候，回望一路历程，总结成绩与经验，发现差不多已经把自己“做”成特级教师的样子了，后来几乎没费什么周章，就如愿跻身其间。

这些年来，有较多机会参加各种交流、研讨活动，主办方介绍我时，每每说我是“著名特级教师”，我则一律“勘误”。我真的不符合如此“人设”。成为特级教师之前、之后，我其实都不再专门进行高中语文教学与研究；自从走上教科研工作岗位，我与学科教学渐行渐远，现如今则自称语文教育“门边人”。平心而论，现在作为“教师的教师”，我的表现更胜于“作为学生的教师”。

倘若“非要”冠我以“著名”的头衔，我想，准确的说法应该是“著名（草根化）教科研专家”。是的，我总结或创造了一系列一线教师听得懂、看得会、可运用、能推广、易起效的教科研方法，譬如课堂微观观察、微型课题、教学主张炼制、教师实践性知识“晶化”与实践性理论“成型”，等等。有的有着鲜明的原创性，譬如微型课题，我主张把课堂细节性问题转化为微型课题，再用微型课题研究来化解它。我就若干年前某名师名课中的一个细节，生成《“课堂等待”问题研究》，此后引起多地许多教师广泛、持久和深度的关注与跟进，引发他们的教学行为“静悄悄的革命”（可参见《人民教育》《江苏教育》《天津教育》等刊发表的我的若干“重磅文章”），有人称我为“全国中小学微型课题研究第一人”；譬如教学主张炼制，我指导或协助市内外一些学校、许多教师炼制出适恰的、个性化特征显著而又行之有效的教学主张，助推他们成为较具影响力的名校、名师，助力其斩获各级各类教学与教科研成果奖，由此我归纳和概括出“5676”——五种基本原则、六种形成路径、七种炼制方法和六种表达方式，就此写成、出版《点亮教育人生的“灯”：“教学主张”论》一书，我应该是就此问题进行系统研究并有专著出版的第一个人。个人专著《今天怎样做教科研》理应是国内面向中小学教师普及性很强、普惠度很高的教科研方法方面的优秀读物，至今出了三版，印刷共计26次，发行近十万册，许多教师说，是看着这本书走上教科研之路的。

我所描写、刻画和阐述的这些方法有一些是对此前自己逐步建构、体悟出来的经验、智慧等的总结与提升，更多的则是对成为教科研人员之后帮助和指导学校与教师开展研究所产生的做法、感悟的概括、"建模"与表达。2011年，《人民教育》"名师人生"栏目发表我的《未有金针亦度人》一文，详尽叙述了上述作为：基于过去一线工作经历与经验，加之对各种教育理论的广泛阅读，我积少成多，生成较为丰富的教科研新认知、新理念、新方法或"新理论"，它们未必经得起学理考究，未必入得了方家法眼，却很靠近、合乎广大教师专业发展的需要，为他们容易理解、便捷应用、快速生效……我是出于"度人"之目的做事的，又在"度人"中"度己"、"立人"中"立己"。试想，倘若没有无数次"深入"一线、"亲临"现场的教科研实战经历、反思与体悟，何以进行系统方法的创生、专题论著的写作，何以塑就"科研名师"的"金身"？在很大程度上，也是我所"促成"的学校、教师又反过来"玉成"了我！

凡以某种工作、某件事情作为自身志业而笃志不渝者，必有大成。学科教学未能成为这样的"志业"，我在此的成就远未达到力所能逮的境地。"失之东隅，收之桑榆"，在教科研以及以此带动更多教师成长与发展的道路上，我走得欢，到得远，看到了一些让自己倍觉行有所值、足以自勉的美丽风景。原先单一的学科背景使我的认知和经验结构显得较为局促和单薄，后来的教科研工作使我得以跨学科观摩了许多课，在对多学科知识略有所闻、所知的同时，日益发现诸多学科教学背后或深层有着一些共同的规律和本质，从瑞典著名教育学者马飞龙"差异教学论"的视角看，它们似可称为当前中小学教育的"关键属性"，把握了这些，常能给各科教师一点基于而又超越学科的点拨；其间当然以语文教师为多，"跳出语文看语文，置身教育看教学"，在难以像更多语文专家那样拥有对学科本身细腻感受、精微把握的同时，自以为也形成了一些俯瞰它的高度和底气，这是过去在语文教师的任上所没有和不可能有的。《义务教育课程方案（2022 年版）》强调综合化与实践性实施，这两点既是亮点，也是难点。我给不少不免犯难的教师送去建议，提供方法，使迷雾有所澄清，方向渐渐明朗，而这样做的效果必然会传导到更多学生那里。有时，我会想到鲁迅先生的名言，“无穷的远方，无尽的人们，都与我有关”。是的，它虽未经“实证”，但从不少老师和我谈及的一些事情或故事中，从他们欣欣然的目光和神情里，我读到了一点自信的力量……

西方有俗语，“经验是头发落光之后的梳子”。如今，我有了这样一把“梳子”，可惜“头发”（在职时期的光阴）所剩渐少、所余不多。在力所能及的范围内，我将“梳子”献给秀发飘飘的年轻人，指导他们有规划地工作（我称之为“逆向设计专业人生”）、有创意地实践、有意义地生活，我把他们的进取、进步也看作自己的“生长”——“教育即生长”，教师教育亦然。

“胜己胜于胜人，利人利于利己”，我愿意永远秉持如此的“胜利观”，做一个在忙碌而充实的教育工作中“不知老之将至”的“胜利者”。这也是我对未来前景的“设计”。

李怀源

语文特级教师，齐鲁名师。北京教育学院语言教学改革研究中心主任，副教授。北京师范大学在读教育博士。中小学语文国家教材建设重点研究基地特聘研究员，教育部“国培计划”专家，中央民族大学硕士生导师，“北京市中小学名师发展工程”实践导师。主要研究小学语文单元整体教学、小学读整本书教学、叶圣陶语文教育思想。主持完成国家社科基金课题一项，主持北京市社科基金等省级课题五项。曾获首届基础教育国家级教学成果二等奖，北京市基础教育教学成果一等奖。在《课程 · 教材 · 教法》等刊物发表论文 30 余篇，著有《小学语文单元整体教学理论与实务》《小学语文单元整体教学构建艺术》等。主持“国培计划”“特级教师工作室”等教师培训项目。

单元整体教学：从整合内容到发展素养

经过多年的实践、探索、研究，我发现以课程建设促进教师专业发展是一条非常好的道路，教师在参与课程建设的同时，能够思考清楚很多关于教学的问题。我希望以单元整体教学的发展之路作为一个案例，能够引发更多有识之士对语文课程建设的思考，让教育发生更大的变化，帮助学生成为更好的自己。

本文将用我和团队探索小学语文单元整体教学的过程之路来说明语文教育应该怎样实现转变。

寻求改变，从模仿到创造

2002年7月，从教十年的我走进了一所民办学校，从事语文教学和教科研工作。自从踏进这所学校，我就成了“教育个体户”，没有别的选择，只有前进，按照自己想象的道路前进。

2002年是进入新课程改革的第二年，我和我的同事们一起，研究语文课程标准，研究手中的实验教科书。我们找到了突破点，在语文课堂上尝试让学生运用“自主、合作、探究”的学习方式。通过这样的探索，学生的学习积极性提高了。但是，总有一个问题无法回避，不可改变，那就是教师的讲解问题。新课程让老师讲得少一些，但是总有老师做不到，很多老师不知道什么时候该讲，什么时候不该讲，讲解也是课文内容的分析，对学生掌握语言学习规律没有多大帮助。

当时学校开设“自由阅读课”，学生每周有两节课在阅览室上，教师不得占用。有些老师就抱怨课时不够，学生家长对学生成绩也不满意，埋怨学校的改革没有实际作用。我知道阅读课是一定要开的，要让学生在阅览室自由阅读，培养学生的阅读兴趣，开阔学生的阅读视野，这对学生终身学习是有益的。阅读课不能少，其他课的课时不得占用，那怎么解决教科书教学的时间问题，怎么解决教师讲解占用学生学习时间的问题呢？

我开始留心小学语文教学改革的相关报道，用自己的标准分析判断着所能看到的语文教改经验。人教网“小学语文教育论坛”发表了华中师范大学附属小学的“单元整组”教学设计，我觉得这应该能够解决学校的现实问题。于是，我就下载下来，推荐老师阅读，但是只有这样一组设计，其他年段、其他单元该怎么设计，研究很快就陷入了僵局。

《人民教育》上刊登了“模块备课”的一组文章。“模块备课”打通了课文之间的界限，让训练项目集中起来，我眼前又亮了，觉得这个也不错，能够解决老师备课被课文限制的问题。于是，语文老师又开始集中学习“模块备课”。但是，很快同样的问题又出现了，看到别人设计的东西明白该怎么设计，一轮到自己设计就傻眼了。不过，大家还是咬紧了牙关，开始模仿，“模块备课”逐渐成为语文教师口中的常用字眼。

经过一段时间的实践研究，我确定了单元整体教学的设计方式，综合了“单元整组”打破课文界限和“模块备课”集中训练的长处。这次，我自己先设计了人教版五年级上册“我爱阅读”一组。我用自己的设计和老师们交流，因为有了前面的探索，老师们接受相对较快。我自己设计出来的东西，讲起来比较清晰，这次老师们理解得更深了。

2005 年 8 月 5 日，我和同事完成了人教版五年级上册第一单元“我爱阅读”单元整体教学设计，这是第一次把单元整体教学的理念转化为教学设计的实践。以此“关键事件”为标志，我进行单元整体教学已经有 18 年的时间。这 18 年间不停地调整，不断地在原来的框架上丰富和完善。

从这个意义上说，此时我和同事才真正有了自己的“单元整体教学”，虽然这时候还称作“单元整组”。

为了学生，从课内到课外

2005 年，对我来说是重要的一年。这一年我接触到了“儿童阅读”这个概念。当时，我还不甚了解这个概念背后的意义。我觉得阅读就是阅读，为什么非要强调儿童？阅读在学校已经开展了，是否还需要推广？

我怀着好奇心，暑假里把好朋友周益民请到了学校，为全体教师作了儿童阅读的讲座。这一讲，让我和我的同事们开了眼界，知道了在儿童阅读的领域有很多事情可以做，有很多事情必须做。

2005 年 12 月，为了推动儿童阅读，我校召开了“小学语文与儿童阅读研讨会”。我在这次研讨会上执教了《亲爱的汉修先生》班级读书会。儿童文学博士王林、作家王一梅、名师蒋军晶走进了校园，真正地推动了我校儿童阅读进程。

儿童阅读作为一个“新兴事物”在我和我的同事们的课堂上活跃着。参加儿童阅读研讨活动，执教班级读书会，成为那个时期我最热衷的事情。

在此之前，还有一项重要工作是语文老师必做的，那就是“语文实践活动”。这是 1998 年我学习山东龙口“大量读写，双轨运行”留下的成果之一，也带到了这所学校，要求语文教师结合教学进度，开展“识字剧场”“手抄报比赛”“谈天说地”“快速作文”等听说读写活动。结合当时的课程标准理念，把这些定名为“语文实践活动”。

学校的“单元整组”教学，融合了“儿童阅读”和“语文实践活动”，语文教学就从只教课本走向了课外阅读和语文实践。当时，我对语文教学进行了三个三分之一的划分，确立了教科书教学、读整本书、语文实践活动各占三分之一的框架体系。

这种组合总得有个名字吧？我很着急，因为这时候“某某语文”越来越多了，总怕自己的“孩子”被别人抢去。终于，我把这个框架命名为“板块语文”，并写了一篇论文《“板块语文”的构想与实践》，获得全国小语会第八届学术年会论文评比二等奖。

这是我第一次系统论述“单元整体教学”，虽然这时还称作“板块语文”。

拓展领域，从单篇到整体

2009 年 3 月，我开始策划《小学语文单元整体教学构建艺术》（获全国小语会第九届学术年会论文评比一等奖）这本书了。当时我正在首都师范大学读教育硕士。我开始从教育史的角度来审视单元整体教学，为单元整体教学寻找学理上的支撑。我翻阅了大量书籍，写了近十万字的总论，来阐述单元教学的发展历史，确定单元整体教学的概念，厘清单元整体教学的理论来源。由于书的篇幅所限，总论只保留了八万多字，但是单元整体教学的基本概念和思路还是呈现在读者面前了。

“小学语文单元整体教学”的核心是“整体”，从“整体”的角度关注各个教学模块之间的联系，有比较明确的整体教学目标。它把小学六年的语文教学看作一个整体，关注小学语文学习目标和每学期目标之间的关系，突出“语文能力系统”，把语文能力分成不同的层级，把课程目标分化到每个学期，在适当的阶段培养适当的能力。

我把单元整体教学分为七个模块：预习、理解内容、领悟表达、口语与习作、读整本书、语文实践活动、检测。每个模块大概为2课时，基本用14个课时完成一个单元的学习，包括教科书教学、整本书教学、语文实践活动三部分。

理解内容模块，一是理解内容，二是体会感情。低年级学生要能够知道文章讲了什么。中年级学生要不但要知道讲了什么，而且要对某些细节进行解释。高年级学生要知道讲了什么，能够对文字中的信息进行整合，通过推理论证得到问题的答案。

领悟表达模块有两个任务：一是领悟表达，二是欣赏评价。领悟表达，是在教师带领下对文章的表达方式进行研究，从体裁、表述方式、语言特色等方面对文章进行探讨。欣赏评价，是在领悟和接受的基础上，从读者的角度，对文章好的地方进行欣赏，对文中某些地方提出自己的看法，或者能够进行修改。这个模块重点培养学生拓展延伸、评鉴和创意阅读的能力。低年级，重在领悟词语和句子，理解重点句子的表达作用和表达效果，通过替换词语等方式进行体会。中年级，重在领悟句子和段落的表达效果，能够对一些表达方法进行辨析，通过具体的语言点，感受到作者表达的独特性。高年级，重在对文章篇章结构的领悟。低年级的欣赏评价，用朗读的形式把自己觉得好的地方读出来即可。中年级对具体的词句说出自己的看法，能够用朗读的形式表现出来。高年级能够用自己的话说出对文章的看法，提出自己的见解。

整本书的选择和教科书中的单元有密切的联系，有的是主题相似，有的是体裁相似，有的是内容相似，有的是阅读策略相似，从这些相似点入手寻求结合点，然后确定应该读哪本书。选好书以后，给学生足够的时间自由阅读。低年级读整本书，由教师讲给学生听。中年级，教师先进行导读，激起学生的读书兴趣，学生在阅读期待中阅读。高年级，让学生自由阅读，提出问题，进行读书交流。

语文实践活动可以和单元相联系。比如，在上完人教版四年级上册童话单元后阅读讨论《木偶奇遇记》一书，安排“编写剧本”的语文实践活动，让学生把自己写的童话或者《木偶奇遇记》中的某个段落编写成剧本。编写剧本，一是让学生简单认识剧本与文章的不同，二是让学生通过实践，把自己的文章进行精细化加工，让人物形象更丰满，目的是锻炼学生文字的表现力。编写以后，让学生分小组设计表演，学生再通过表演加深对剧本的理解，边排练边修改，最后在全班进行表演。

每个年段，在七个模块中的操作重点不同。无论七个模块怎样设置，都服从于单元的总体目标。教学大体分为三个方面：主题、体裁、语文能力。

现在的小学语文单元整体教学又有了新发展。在解决了整合内容、分化目标、确定流程的基础上，正在研究学习方式，以“探究”学习方式作为单元整体教学的学习主线，发展学生的语文学习能力。

到这时候，单元整体教学不只是一种教学方式了，而成了课程构建方式。在小学语文单元整体课程体系内，包括了目标体系、识字写字体系、读整本书体系、习作体系、语文实践活动体系等。我组织教师编写了《小学语文单元整体课程实施与评价》，包括课程目标、课程内容、课程实施方案和课程评价，由江苏教育出版社出版。

立足专业，从教学到课程

做课程建设是一个系统工程，越做越觉得浩大无边、力不从心。这就需要不断有专业引领。2010 年 12 月 3 日，我在上海师范大学参加 2010 年“国培计划——中小学骨干教师研修”。两周的时间，我边听讲座，边思考在学校原有规划的基础上如何落实。经过思考，我在学习间隙，重新搭建了学校语文课程的框架。

按照自己的理解，按照现有的资料，按照现在的水平，先做出来，然后修订，这是我多年以来形成的工作习惯。坐而论道，纸上谈兵，在学校这片天地里是行不通的，只有做了才能知道究竟行不行，只有做了才知道下一步究竟怎么走。

首先，重新构建课程目标体系。我一直在做课程目标方面的研究，做出了6年12学期的目标体系，并且不断修正以适应教学的需要。现在看来，我和我的团队所确立的目标，还是受到传统教学目标体系影响太深，受到教参的限制太多。专家谈到的朗读问题对我启发很大。他说在一二年级朗读要作为教学目标，在三年级以上朗读作为教学手段，就不用写在教学目标中了，默读可以作为中高年级的教学目标。一二年级教朗读，也不是课程标准中所说的“正确、流利、有感情”，他说人人都有感情，并且“有感情”不好评定，能做到“正确、流利”，朗读就达标了。怎么算正确流利呢？他说对于朗读，一年级要求读正确——不丢字，不添字；读准字音；读准轻声；调控声音（能控制自己的声音以适合朗读具体文本的需要，即符合当时的情境）。二年级要求读流利——在正确的基础上，不读破句；朗读有一定的速度。我查了《义务教育语文课程标准（2011年版）》中关于朗读的要求，一二年级“学习用普通话正确、流利、有感情地朗读课文”；三四年级“用普通话正确、流利、有感情地朗读课文”；五六年级“能用普通话正确、流利、有感情地朗读课文”。这个目标体系的梯度就是学习用—用—能用。这样的梯度能够检测吗？所以就需要自己思考教学的目标。

我想，在研究学科规律和学生学习规律的基础上设置课程目标，相应地筛选课程内容，确定课程实施方案，制定课程评价标准，使每位语文老师在这个课程体系内，知道要达成什么目标，知道通过教哪些内容达成目标，知道如何教，知道如何评价学生的学和教师的教。

其次，架构新的课程方案。我校的课程系统包括教师用书、学生用书、测试标准。

调整课程表。把语文课细分为识字写字课、语言课（教科书教学）、阅读课、口语交际与习作课、语文实践活动课等。进行细致的课时划分，目的是让教师明白每堂课的具体目标，不至于让语文课模糊一片。

完善学科评价方案。对学生语文能力的测试进行细化，组织编写阅读测试、习作测试。阅读测试更指向学生的阅读策略和阅读能力，中高年级习作测试分为三部分，有一个应用性习作，比如留言条；有一个自我表达习作，比如书信；然后再根据年段写一篇相对完整的文章。教师在设计习作命题的时候提出具体要求，比如，同样是写一个人，三年级要求“用一件具体事例写出人物某个特点”，六年级要求“用两至三件事写出人物的特点”，这样要求明确，学生知道如何写，教师知道如何评价。这样习作的测试就变得完整了，可以划分等级进行评价。

过去考试是一张综合的纸笔测验的试卷，学生不能清楚知道自己哪方面存在不足。分板块测试字词运用、朗读背诵、阅读理解、习作比赛等内容，解决了测试目标问题。开学初，教师就可以把目标明确告诉学生，让学生能够掌握学习的进程。测试以后，学生能够对照标准和自己的测试结果进行分析，有利于学生的持续学习。学期测试以后，可以安排学生补考，也可以安排在下学期开始补考。这样，期末考试就不是学生阶段学习的终结了，而变成学生阶段学习的检测。学生可以根据检测结果，不断调整学习方式，确定学习重点。安排学生补考，让更多学生有比较大的心理空间，也就是给他们规划学习和生活的空间，把学习延伸到假期，让学生在假期能够有目的地进行学习，让终身学习真的成为一种习惯。学习不是为了考试，而是为了调适和发展，这是应该给中国孩子的基本学习概念。

不断前行，从课程到教育

2012年5月，学校举办了“小学单元整体课程发布暨阅读课程实施高端论坛”。在此次研讨活动中，小学语文单元整体教学已经发展为单元整体课程，在语文、数学、英语三个学科内完成了整合的课程体系，由江苏教育出版社出版了三本课程实施与评价方案。单元整合的观念在各个学科得到落实。

2012年10月，台北市教育局教师辅导团一行16人到我校交流单元整体课程的实施。上海师范大学吴忠豪教授带领上海长宁区的老师到校交流……这些交流促进了单元整体教学的成型与发展。

2012年10月，我在华东师范大学参加齐鲁名师高研班的培训，读到了《全人教育的理论与实践》《整体课程论》两本书，让我有了更多思考。从教学走到课程，我看到了课程整合的力量，同时发现了分科教学的壁垒。课程的设计和实施都要以教育理念为基本背景，只有以正确的教育理念做支撑，才能够有好的课程。这两本书让我了解了发端于美国的“整体教育”（亦称全人教育），从此开始研究如何培养完整的人。在2013年4月举办的研讨会上了，我作了“培养完整的人——整体教育的规划与实施”的演讲，提出了整体教育的基本框架。

2014年7月，我调到清华大学附属小学商务中心区实验小学工作。清华附小以成志教育思想为指导，其“立人为本，成志于学”的校训，“儿童站在正中央”的理念，又一次把“培养完整的人”这个命题摆在了我的面前。如何面对新学校、新学生，实施更适合学生的教育……一系列课题需要面对和思考。我和老师们一起，研究小学语文单元整体教学，虽然在我来之前，这些老师已经接触并实践过单元整体的教学，但是具体落实起来，还是有很大的难度。2014年11月，北京大学国培小学语文培训班全体学员到校听课，我校老师进行了三年级上册故事单元的教学，上课教师和国培班学员进行了互动。这种整合的课成了研讨的媒介，上课者和听课者就单元整体教学进行探讨。此次活动，基本确立了以学习策略为整合点的教学方式。

2015年暑假，我组织语文骨干教师对人教版教科书进行了梳理，基于整合情境的项目学习和教科书本身特点，设计了单元整合作业，对12册教科书的每个单元进行重新设计，确定整合点，形成基本的操作框架。又组织全体教师编写了所有的单元教学设计和主题阅读课程设计。这种设计，学习方式和教学方式都发生了变化，从学科能力的培养走向完整的人的培养。

2016—2017年，在单元整合作业的指引下，我们积极探索实践。2017年9月，专著《小学语文单元整体教学理论与实务》由人民教育出版社出版。出版社为该书举办了首发式，北京师范大学郑国民教授、北京大学汪锋教授、人教社刘立德编审等专家学者到场参与论证。至今这本书已经五次印刷，发行近两万册，得到一线小学语文教师的认可。

落实理念，从教育到教学

2018年9月起，我开始在北京教育学院工作，专职工作是进行新教师培训，要让新任教师明白为什么进行单元整体教学，什么是单元整体教学，怎样进行单元整体教学。回答这些问题只靠理念和框架是不够的，一定要教给老师们具体的方法，因此就扎进教学方法的研究中，和老师们一起进行教材分析，一起进行教学设计，还要到课堂上进行教学。在细微处着力，发现整体教育、整体课程、整体教学的体系确实发挥了很好的作用，当落实到教学的时候，实践智慧就一步步显现出来了。情境的设计、任务的布置、成果的表现，当这一切成了一个体系的时候，老师们容易学，现实中容易做。

为了让更多的老师能够实施单元整体教学，2021年1月，我成立了“整体教学工作坊”，全国已经近400人自愿报名参加。每月一次的线上研讨，分为三个部分：老师谈收获；提出研究中的问题；解答问题及微讲座。2021年6月

10—11 日，在北京市海淀区万泉小学、培星小学举办了小学语文习作单元整体教学研讨会，邀请崔峦老师、张立霞老师进行现场点评，把单元整体教学向前推进了一大步。活动同时在人教网直播，观看人数超过 3.6 万人。

立足课堂教学实践，开展线上线下的教研，我个人在教学实践能力方面获得了很大的发展，也让更多的人参与到单元整体教学的研究和实践中来。

随着《义务教育语文课程标准（2022 年版）》的颁布，新一轮的课程改革启动。经过 18 年的探索和实践，小学语文单元整体教学已经储备了足够多的经验，迎接新的课程，面对新的挑战，为更多的小学生提供学习的支持，为更多的小学语文教师提供实质性的帮助。

下面是小学语文单元整体教学最初的结构和当下的结构（见图 1、图 2）。

教科书教学
整本书教学
语文实践活动教学

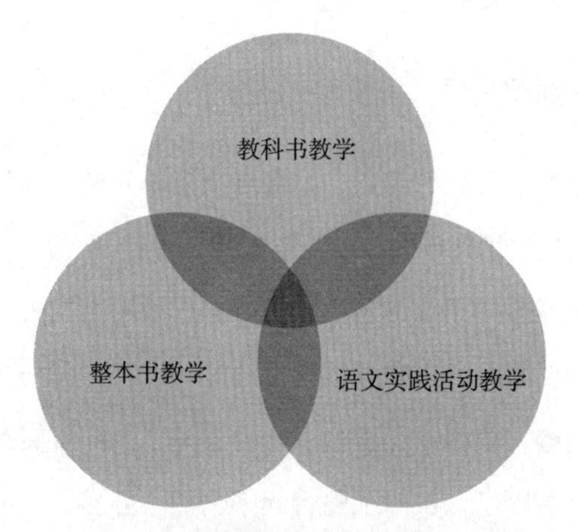

图1　小学语文单元整体教学结构1.0版

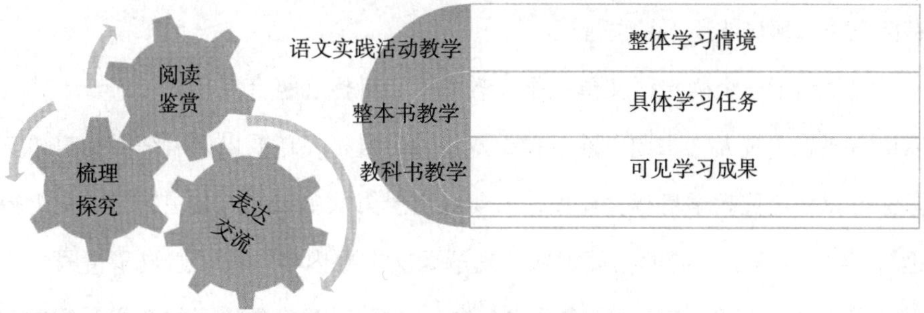

阅读
鉴赏
梳理
探究
表达
交流
语文实践活动教学
整本书教学
教科书教学
整体学习情境
具体学习任务
可见学习成果

图2　小学语文单元整体教学结构5.0版

仔细观察就会发现，两个结构的主体（教科书教学、整本书教学、语文实践活动教学）并没有发生变化，变化的是教学推进的形式和教学设计的要素。

在建立最初结构的时候，我曾经说，这个结构可以使用30年，三个部分分别可以研究10年。《普通高中语文课程标准（2017年版）》的颁布，让“整本书阅读和研讨”进入语文教学的视野，“学习任务群”也成为课程组织形式，综合的语文实践活动成了大家研究的热点。

我发现做一个研究就像先盖一所房子，然后再进行改装。单元整体教学最初的结构只是一个模糊的图纸，随着实践的深入，会发现很多需要解决的问题，在解决问题的过程中，不断地澄清，也在不断地细化，实施单元整体教学的难点随着实践的深入也会变化。

（一）如何找到整合点

找到整合点是教学设计的起点。整合点就是单元整体教学的核心目标，决定这个单元究竟让学生学到什么，以及学到什么程度。

2019年9月统编小学语文教科书施行以来，教科书的人文主题和语文要素双线组元，把语文要素凸显出来。教科书的编写给了方向——语文要素是教学目标而不是教学内容，找到单元整合点变得容易了。随着实践的推进，大家发现，整合点看起来清晰了，实际上整合起来仍然不容易。一般的单元，除了人文主题，还有两三条语文要素，难道一个单元的教学要有两三个目标吗？如果有两三个，那显然还不是整合点。

我总结了一个确定语文单元整体教学核心目标（整合点）的公式——如何以语文要素表现人文主题。除了根据双线确定目标，还要以课后练习和口语交际、习作来定位教学目标。比如，六年级上册第八单元的人文主题是“走近鲁迅”，语文要素是“借助相关资料，理解课文主要内容”和“通过事情写一个人，表达出自己的情感”，习作是“有你，真好”。我将本单元的核心目标确定为“借助相关资料中的事情写一个人，表达出自己的情感”，最终的成果为学生的习作《有你，真好——我心中的鲁迅》，把习作“有你，真好”中的“你”具体为鲁迅。这样的聚焦，就把本单元的理解和表达融合在一起，所学皆有所用。

（二）如何联系成为一个整体

确定了单元整体教学的核心目标以后，跟随而来的是如何把单元中的诸多内容联系成为一个整体。一个单元中除了课文，还有课后练习、口语交际、习作、语文园地等内容。只是课文的内容就足以让人眼花缭乱了，再加上其他部分，怎么能把这些纷繁复杂的内容整合在一起呢？

我的基本经验是一定要以新的视角来看语文教学，逐渐从“文本解读”走向“语文实践”。这一点对语文老师来说特别难，因为很多老师认为语文教学是在解读文本的过程中，让学生接受语文教育。这就有必要用一个理论框架来支撑教学行为。可以从三个角度来看，一是叶圣陶先生关于“语文学科”的论述：彼时同人之意，以为口头为“语”，书面为“文”，文本于语，不可偏指，故合言之。二是《义务教育语文课程标准（2022年版）》关于语文课程的界定：“语文课程是一门学习国家通用语言文字运用的综合性、实践性课程。”“语文课程应引导学生热爱国家通用语言文字，在真实的语言运用情境中，通过积极的语言实践，积累语言经验，体会语言文字的特点和运用规律。”三是学者对语文核心素养的论述：语文核心素养是学生在积极的语言实践活动中积累与构建起来，并在真实的语言运用情境中表现出来的语言能力及其品质；是学生在语文学习中获得的语言知识与语言能力，思维方法与思维品质，情感、态度与价值观的综合体现。

语文课程是通过拓展学生的语言疆界去拓展他们的人生世界，语言是表现，思维、审美、文化是基础。要在学习语言表现的过程中，发展思维、审美和文化，要在语言文字运用的点上进行联系。这样每篇课文是如何以语文要素表现人文主题的，在阅读的时候要多领悟。学生作为学习者，学习如何以语文要素来表现人文主题，需要通过具体的语言作品来表现学习所得。每个单元的学习成果都应是学生的作品。

比如，六年级下册第二单元的人文主题为“外国名著”，语文要素为“借助作品梗概，了解名著的主要内容”“就印象深刻的人物和情节交流感受”“学习写作品梗概”。学生的作品是“写作品梗概”，通过学生的作品梗概来看他是否了解名著的主要内容，是否能够把握印象深刻的人物和情节，这些重要的人物刻画和情节要在作品梗概中体现出来。根据不同学生写的作品梗概，也可以看出学生不同的思维方式及表达方式。

（三）如何进行整体教学

教学设计的问题解决了，随之而来的就是怎样把教学设计变为教学现实，这就需要设计学习工具。语文学科的学习工具是学生思维和表达的凭借，借此能够进行思维和表达，把语文学科的基本思想和思维方法在此过程中不断地体验和提炼。

表格是思维和表达并重的语文学习工具，既能以表格为依托进行思维，又能够通过表格来表现学习成果。在不同的语文学习活动中，表格起到不同的作用，使用表格让学生看到自己的思维过程，通过对比分析提高思维的层级。

1. 设计阅读与鉴赏的工具

阅读与鉴赏的语文实践活动，需要学生在理解课文内容的基础上，欣赏作者是如何运用语文要素表达人文主题的。以四年级上册第六单元“童年生活”为例，在把握主要内容时，我设计如下表格（见表1）。

表1 课文主要内容对比分析

课文题目	主角	情境		事件		故事结局
		时间	地点	故事刚开始发生了什么	故事接下来发生了什么	
《牛和鹅》	“我”					
《一只窝囊的大老虎》	“我”					
《陀螺》	“我”					

学生通过横向填写，能够掌握每篇课文的主要内容。通过纵向比较，他们可以发现课文中所记的故事，都有矛盾冲突，都有人物的心情变化。

学生了解了主要内容以后，还需要对文中的细节进行理解。教师可运用表2让学生对不理解的地方进行深入思考，转化为具体的问题。之后，教师再把全班的问题进行归类，集中解决。

表2 课文内容理解

课文题目	不理解的地方	具体的问题
《牛和鹅》		
《一只窝囊的大老虎》		
《陀螺》		

经过以上两个部分的学习，学生对一个单元的课文有了横向、纵向的比较，也理解了文中细节。阅读过程是深入的，鉴赏过程是有效的。

2. 设计梳理与探究的工具

梳理与探究是学生对所学的语言现象有针对性地进行梳理总结，进而探究出语言规律，总结出语言表达的概念，领悟语言表达的原理。比如，学生学习拟人句，找出一个单元或一个学期课文中的拟人句，然后进行分类，说出自己的分类标准。在分类的基础上进行总结，什么样的句子是拟人句，尝试为拟人句下定义，再思考使用拟人句的好处是什么。这就大概经历了“语言现象—语言规律—语言概念—语言原理”的学习过程，是一种“再创造”式的学习，学生的思维会发生变化。

比如，表 3 为四年级上册第六单元“童年生活”中对人物心情变化的梳理探究。

表3　课文语言梳理与探究

课文题目	活　动	人物心情	具体语句			总　结
			动　作	语　言	神　态	
《牛和鹅》	生　活					
《一只窝囊的大老虎》	演　出					
《陀螺》	游　戏					

学生梳理课文中的语言，探究作者为什么用这样的语言来表现人物的心情变化，然后用自己的话总结三篇课文是用什么样的语言来描写人物的心情变化的。

3. 设计表达与交流的工具

表达与交流是学生学习成果的集中展现，体现了学生在单元学习中的思维水平和语言水平。

在语文课堂上，老师一般会给学生提供表达的方向和表达的方式，但是没有学习支架的支撑，学生尽管知道要去向哪里，却只能心向往之。

因此，给学生搭建表达与交流的支架，让学生运用这些工具，有助于学生把学习成果展现出来。

比如，在让学生写自己的经历之前，可运用表 4 的框架，把事情先架构起来。

表4　学生习作结构

作文题目	主　角	情　境		事　件		故事结局
		时　间	地　点	故事刚开始发生了什么	故事接下来发生了什么	

学生有了故事的架构，就能清楚自己要写什么了。具体怎么写，也要想清楚，因此，再给学生一个语言表达的工具（见表5）。

表5　学生习作语言结构

作文题目	活　动	人物心情	具体语句		
			动　作	语　言	神　态
	生　活				
	上　课				
	游　戏				

要让学生在写之前就想清楚自己写什么心情变化，可以用什么样的语句去写。这既是思维训练，又进行了表达练习。

我探索和实践单元整体教学，一直保持着结构的稳定性，为了解决我个人和老师提出的问题，在基本结构的基础上不断吸收新的理论来解决问题，比如可见的学习理论等。这样既保证了研究的持续性与稳定性，又保证以先进的理论解决现实的问题，达到理论与实践的统一。

李镇西

男，1958 年生。1982 年 2 月毕业于四川师范大学中文系，2003 年 6 月获苏州大学教育哲学博士学位。中学正高级教师，长期从事中学语文教育和班主任工作。曾任成都市武侯实验中学校长，现任新教育研究院院长，四川省陶行知研究会副会长。出版有《爱心与教育》《民主与教育》《教育的 100 种可能》《李镇西与语文民主教育》《听李镇西老师讲课》《做最好的家长》《做最好的老师》《重读陶行知》《李镇西答新教师 101 问》等 80 余部著作。曾获“成都市中小学教育专家”“成都市劳动模范”“四川省中学语文特级教师”“四川省教育系统优秀教育工作者”“全国优秀教育工作者”等荣誉称号。2000 年被提名为“全国十杰教师”。曾应邀赴新加坡、马来西亚、丹麦、乌克兰、俄罗斯、美国，以及中国澳门演讲。

语文：让精神自由飞翔

心灵的学科

毫无疑问，语文学科有工具的属性，所谓“语文是工具”。所以，我们要对学生进行有效的语言训练以及相关听说读写能力的培养。离开了这一点而空谈“语文”，语文课就成了单纯的思想品德课。

但我们不应狭隘地理解这个“工具”，而应该理解为它既是人们日常生活、学习、思想交流、社会交际的工具，也是做人的工具、创造的工具。所以，语文教学的任务，既包括向学生传授语言知识，培养其语文能力，使学生能正确地运用祖国的语言文字，也包括在引导学生理解、掌握语文知识和能力的过程中，培养学生高尚的情操、优良的品质和健康的审美情趣，让学生在提高语文水平的同时，学会认识、改造自己的主观世界和社会、自然等客观世界。

语文的语言训练当然非常重要，但限于篇幅，我在此不打算多说。我想强调的是人们容易忽略的另一面，即语文教育不应该仅仅停留于字词句段篇，而应该走进人的心灵。

我追求的语文教育，理应“目中有人”——人的思想解放、人的感情熏陶、人的精神提升、人的个性发展，这应该是语文教育的生命。

语文教育应该是充满自由精神的教育。

《义务教育课程方案（2022 年版）》明确提出：要培养学生“乐于提问，敢于质疑，学会在真实情境中发现问题、解决问题，具有探究能力和创新精神”。而“探究能力和创新精神”的基础是心灵的自由。因此，语文教育首先应该尊重学生心灵的自由。

尊重学生心灵的自由，就是尊重学生思想的自由、情感的自由、创造的自由。自由精神当然不是语文教育所独有的内核，而且也不是语文教育的全部内容，但没有自由精神的语文教育，便不是真正的语文教育。

语文教育应该是充满平等精神的教育。

“对话”是近 20 年新课程改革反复强调的一个理念，而“对话”的前提是双方的平等。虽然就一般情况来说，教师的学科知识、专业能力、认识水平等远在学生之上，但就人格而言，师生之间是天然平等的。在师生关系上，教师一方面要尊重学生的人格和权利，另一方面也要把自己视为与学生平等的朋友与同志。

尊重学生，就包括尊重学生的思考。真正优秀的教师应该是学生的引路人，也是和学生一起追求新知、探求真理的志同道合者。合作学习的态度，就是平等精神在语文教育中的体现。与学生同志式地探求真理，就应尊重学生发表不同看法的权利，并且提倡学生与教师开展观点争鸣。教师不但自己应该对每位学生一视同仁，而且还应该在教学中营造一种同学之间也互相尊重、真诚友好、平等相处的氛围。平等只能在平等中培养——今天的教师如何对待学生，明天的学生就会如何去对待他人。

语文教育应该是充满宽容精神的教育。

教师应该拥有一种民主的胸襟，而民主就意味着宽容：宽容他人的个性，宽容他人的歧见，宽容他人的错误，宽容他人的与众不同……作为教师，当然承担着教育的使命，对学生不成熟的乃至错误的思想认识负有引导的责任。但是，第一，学生的不成熟乃至错误是一种成长现象，其中往往包含着求新求异的可贵因素，如果一味扼杀便很可能掐断了创造的萌芽。第二，宽容学生的不成熟和错误，意味着一种教育者的真诚信任和热情期待：相信学生会在后续成长的过程中自己超越自己，走向成熟。第三，教师的引导，前提是尊重学生思考的权利，然后通过与学生平等对话（而不是居高临下的训斥），以富有真理性的思想（而不是所谓的“教师权威”）去影响（而不是强制）学生的心灵。

语文教师的宽容，说到底仍然是尊重学生思考的权利，并给学生提供一个个发表独立见解的机会。不要怕学生说错，不跌跟头的人永远长不大，所谓“拒绝错误就是毁灭进步”，正是这个意思。语文课应成为学生思考的王国，而不只是教师思想的橱窗。如果不许学生说错，无异于剥夺了他们思考的权利。在充满宽容的语文课堂上，对一篇课文的理解和分析，不应只有教师的声音，教师更不应该以自己的观点定于一尊，而应允许学生有不同的看法，在阅读教学的过程中引导学生独立思考，提倡学生思想碰撞，鼓励学生发表富有创造性的观点或看法，努力使整个阅读教学课堂具有一种开放性的学术氛围，让不同层次的学生既有共同的提高，也有不同的收获。

宽容，不仅仅是教师对学生的宽容，也包括学生对老师的宽容，更包括学生之间的宽容。独立思考绝不是唯我独尊，更不是拒绝聆听他人意见；相反，在对话探究的过程中能具备海纳百川的胸襟是一种极可贵的民主品质。教师应善于在教学过程中以自己的宽容向学生示范，在鼓励每一个学生珍视表达自己见解的权利的同时，也尊重别人发表不同看法的权利——既勇于表达又善于聆听，既当仁不让又虚怀若谷。

语文教育应该是充满创造精神的教育。

教育，说到底是对人的解放，而人的本质在于创造。发展学生的创造（创新）精神，是语文教育的使命——虽然不只是语文教育的使命。

说起创新教育，有些教师首先想到的往往只是思维品质和具体思维方法的培养，比如思维的深刻性、批判性等，以及逆向思维、发散思维、求异思维等。应该说，针对学生长期以来在“应试教育”背景下所形成的僵化思维模式，这些引导和训练当然是很有必要的。但我认为，我们更要思考一下，学生原有的创造精神是如何失落的？当务之急，不是对学生进行“从零开始”的所谓“培养”，而是“发展”他们与生俱来的创造性。首先是要点燃学生熊熊燃烧的思想火炬，让学生拥有自由飞翔的心灵。我坚信，每一位学生都有着创造的潜在能力；所以，教师要做的，是提供机会让学生心灵的泉水无拘无束地奔涌，说通俗一点，就是要让学生“敢想”。创造，意味着思想解放。而学生一旦获得了思想解放，他们所迸发出来的创造力往往远远超出我们的意料。

真正的教育者理应把学生看作有灵性的、活生生的人，而不是教师见解的复述者，更不能成为教师完成课堂教学任务的道具！我们不应把学生的大脑当成一个个被动接受知识讲授的空荡荡的容器，而应看作一支支等待我们去点燃的火炬，它一旦被点燃必将闪烁着智慧的火花、创新的光芒。因此，发展学生的创造力，与其说是手把手地教学生怎样去做，不如说是给学生提供一个个发表独立见解的机会，特别是要鼓励学生敢于向书本、向老师、向名家、向一切“权威”说“不”！

当我们无视学生的潜在能力，把他们当作“低能儿”进行“培养”的时候，学生的表现也许让我们不甚满意甚至失望；但是，如果我们充分信任学生，给他们提供机会并积极鼓励、激发、诱导其展示自己的智能时，学生所迸发出的创造性思维火花常常令我们惊喜。

关于语文学科的性质，叶圣陶先生说：“第一须认定国文是儿童所需要的学科。……第二须认定国文是发展儿童的心灵的学科。”

“儿童所需要”“儿童的心灵”，这正是我们语文教育多年所忽略的。因此，我追求并努力践行的语文教育，就是尊重学生心灵需要，并给学生以心灵自由的教育。

下面，我以自己执教的《冬天》课堂实录片段为例，展示一下自己的实践探索。

《冬天》的温暖

2003 年 4 月 15 日上午，我应邀去郑州铁路二中为该校班主任老师作报告。中午吃饭时，校长说："您既然都来了，干脆再上一节语文课吧！让老师们学习学习。"当时我没有带教材，于是便从电脑中调出朱自清的散文《冬天》，即兴为该校初二学生上了这一堂课。虽然这是一次"突然袭击"的公开课，事前一点儿准备都没有，但课后学生和听课老师反响很好，并不是我在外面上的所有公开课都很成功，这次我却觉得不错（教师也需要自我欣赏和自我鼓励的）。

请看几个实录片段——

片段一

"同学们，你们好！今天我们一起来学习朱自清的一篇散文——"我一边说一边在黑板上写下两个大字："冬天"。

"我经常在想，怎样才算是读懂了一篇课文呢？我不知道同学们想过这个问题没有。"我似乎是在问自己，又好像是在问学生。

学生们都目不转睛地望着我，我知道他们已经开始和我一起思考了。于是，我接着说："我先把我的观点讲一讲。对一篇课文，怎样才算读进去了呢？我认为，第一，读出自己；第二，读出问题。所谓'读出自己'，就是从课文当中，读出自己所熟悉的生活或场景，读出和自己思想感情相通的某一个情节或人物形象，甚至读出触动自己心灵的一个时代或一段历史……举个例子，比如有人读《红楼梦》会流泪，几百年前的《红楼梦》和现在的读者有什么关系呢？这是因为读者从中读出了某些和自己感情相通的东西，所以要流泪。这叫‘读出自己’。又如，前不久李老师看了一部电影叫作《我的兄弟姐妹》，大家看过没有？”

学生们纷纷答道：“看过！”

“大家看的时候流泪没有？流泪的同学请举手。”我一边问一边注意清点举手的学生。

“嗯，流泪的同学很少。但是，李老师看的时候流泪了！为什么？因为影片所反映的那段生活，就是李老师的童年时代！你们看的时候，只是把它当电影看，而我却看得流泪了，因为我读出了自己——这就是所谓的‘共鸣’！同学们，‘读出自己’就是欣赏。”

我看到已经有不少学生情不自禁地会意点头，便接着说：“除了‘读出自己’，我们还要‘读出问题’。什么叫‘读出问题’呢？这就是研究。没有读进去的人，是提不出任何问题的。问题越多，恰恰证明你读懂了。因为你已经在以研究的眼光去读课文。‘读出问题’，还包括质疑。面对课文，面对作者，当然也包括面对老师，没有什么是不可以质疑的！同学们对某一段话不理解，或者对某一句话甚至某一个词不理解，都可以提出来研究。我刚才说了，‘读出问题’，就是‘研究’。那么今天，我们就以这样的态度——读出自己，读出问题，来学习《冬天》。”

片段二

“好，我们现在请几位同学站起来给大家谈谈自己最欣赏的语句。好吗？”我对全体学生说道。

一位女生站起来说：“我对这几句特别感动：‘外边虽老是冬天，家里却老是春天。’我感到这句话特别温馨！”

“呵呵，我真是感慨万千，真想和你握握手呀！”我情不自禁地说道。学生们和全场听课的老师们都大笑了起来。“为什么呢？因为我也特别喜欢这一句！好，咱们握个手吧！”

我走向前去，和这位同学紧紧握手：“这叫共享！”

全场鼓掌。

这位女同学继续分析道：“虽然是在冬天，他们住的地方人也少，冷清，但一家人却，却……”可能因为紧张，这位女同学竟然说不下去了。

“好，请坐下，你不用说了。”我充满理解地对她说，“有时，感动是难以言说的！”

大家又笑了。

可是她居然并没有坐下，而是补充道：“还有一句，我也很感动：‘这是晚上，屋子老了，虽点着‘洋灯’，也还是阴暗。’屋子虽然简朴，但很温暖！”

我鼓励她说：“很好很好！这位同学非常会鉴赏！”

我看到一位女生把手举得高高的，表情非常急切，便请她发表意见。她先读了文中的一段文字：“父亲得常常站起来，微微地仰着脸，觑着眼睛，从氤氲的热气里伸进筷子，夹起豆腐，一一地放在我们的酱油碟里。”她停了一下说：“读到这一句，我特别感动，引起了我的共鸣。因为这让我想起了，我和家人在吃饭的时候……”

她突然说不下去了，眼泪已经流了下来，但她稍微顿了一下，还是带着哭腔继续说：“爸爸，爸爸，总是把，把……最好的菜往我碗里夹……”

她又说不下去了，只是抽泣。看着她那流泪的脸庞，全场的人都感动了，掌声响了起来！

她平息了一下情绪，接着说：“还有‘我们都喜欢这种白水豆腐；一上桌就眼巴巴望着那锅，等着那热气，等着热气里从父亲筷子上掉下来的豆腐’这一句，也逼真地写出了孩子急切盼望的心理。另外，还有一句我很感动。就是第三自然段的那一句：'似乎台州空空的，只有我们四人；天地空空的，也只有我们四人。'还有'楼下厨房的大方窗开着，并排地挨着她们母子三个；三张脸都带着天真微笑地向着我'这句，读到这里，我想起了每当我放学回家打开门的时候，爸爸妈妈总是微笑着看着我。"

她的发言让我也很感动："非常好！我觉得这位同学不只是一个善于阅读的人，她首先是一位非常孝顺的孩子，是一位非常善于感受爱的孩子！想一想，她由朱自清的文章想到自己爸爸给自己夹菜。可是我们有的同学也许就不是这样想的，面对饭桌上爸爸妈妈给自己夹菜，他们不能理解父母，甚至可能会埋怨父母：'烦不烦呀？'我经常给我的学生讲，什么叫孝心？每天按时回家，不要让爸爸妈妈在阳台上张望自己，就是最大的孝心！而这位同学就是一位非常有孝心的孩子！"

我突然提高了声音："让我们向她表示敬意！"

如雷的掌声再次响起……

片段三

一位男生站了起来："我发现这篇文章通篇并没有写到冬天，好像有些文不对题。这是为什么？"

"嗯，这位同学认为本文通篇都没有写冬天，文不对题。我认为，这位同学提出的这个问题非常具有科研价值！"我笑着这样评价他的提问。

全场大笑，这位男生也有点不好意思地笑了。

我认真地说："那我们就来研究这个问题吧！请大家都发表自己的看法。"

一位女生说："我不同意他的说法。因为他没有读进去，没有'读出自己'。"全场又大笑。

但她继续说："朱自清主要是着力写感情，而不是写景。同时这种感情的表达是很含蓄的，而不是张扬的，因此，他的文章不是水样的文章，而是酒样的文章！"

我说："好，这是你的看法。还有没有同学有其他理由呢？"

另外一位女生举手发言说："《冬天》在这里不只是为了单纯写冬天，我觉得朱自清写冬天是为了写出对过去往事的怀念，对友情亲情的怀念，而这些体现友情、亲情的事都发生在冬天，所以用《冬天》这个题目。"

"好，我认为她说得非常好！就是说，这几件事情都是发生在冬天。"我一边评价她的发言，一边看了看刚才提问那个男生，他摇了摇头，"哦，好像刚才提问的那位同学还是不同意，好，你说吧！"

他反驳道："刚才第一位同学说得好像有点不太对吧！所谓含蓄并不等于不表达清楚自己的观点呀！比如你到珠宝行去，一个劲地说这戒指非常漂亮，可别人仍然不知道你是想买还是不想买呀！"

我问他："那么刚才第二位同学说这几件事都发生在冬天，所以以"冬天"为题，你同不同意这个观点？不要紧的，你实话实说，我非常欣赏你坚持自己观点的精神。这不叫固执，没有想通就是没有想通嘛！"

"还是不同意。"他说。

我问："为什么？"

"因为即使这些事都发生在冬天，但既然以"冬天"为题，还是应该有一些写冬天的句子才好。"

"哦，你认为还是应该直接写冬天，就像《济南的冬天》一样，是吧？那么，这篇文章究竟写冬天没有呢？"

多数学生纷纷说："写了。"而且不少学生举起了手。

"你看，又有不少同学要反驳你了。好，那位穿红衣服的同学说。"

被叫的女生发言说："我想说，这篇文章所写的都是生活中非常平淡的小事，抒发的感情也不是什么惊天动地、生离死别之类的，而是一种非常平凡而朴素的情感，但这种情感在严冬的衬托下，特别温暖。”

我又叫一位举手的学生发表看法，她说：“我想补充的是，作者以‘冬天’为题，是因为这几件事不但都发生在冬天，而且这几件事都给作者以温暖的感觉。”

我追问：“为什么会给作者以温暖？”

“因为这些亲情友情令作者怀念，特别是在寒冷的冬天，作者想起来就特别温暖。这种心中的温暖与自然界的冬天形成反差，是一种衬托。”

我点头道：“嗯，她又说出一个理由——以‘冬天’为题不仅仅是因为所写的事情都发生在冬天，而且以冬天为背景，更能反衬出这些小事的温馨。”

我转身问那位提出问题的同学：“请问这位同学，你同不同意她的观点：以冬天的寒冷，反衬出家庭和友情的温馨？”

他点头说：“嗯，我基本同意作者以冬天来衬托家庭和友情的温暖。”

“好，他基本接受了那几位同学的观点。这种勇于服从真理的精神更加可贵！”我忍不住拍了拍他的肩膀。

大家都笑了起来，并报以热烈的掌声。

“语文课应该充满思想的碰撞，这种碰撞不仅仅是老师和同学之间的碰撞，同学之间也可以碰撞。我还想补充一点：刚才这位同学说文章没有写到冬天，其实，文章是写了冬天的，只是很少像《济南的冬天》那样直接描写冬天的景物，但文章通篇不时都在提到冬天：‘说起冬天’‘又是冬天’‘在台州过了一个冬天’，特别是最后一句‘无论怎么冷，大风大雪，想到这些，我心上总是温暖的’。你们看，这几天有大风大雪吗？呵呵，没有。所以，这篇文章是写到了冬天的，只不过是把冬天作为背景来写的。”

片段四

“刚才有同学私下问我：‘李老师，阿弥陀佛的生日是哪一天呀？’（众笑）我真的还没有想过这个问题，我的确不知道阿弥陀佛的生日，但我可以下课后查有关资料，下次如果我再讲这篇文章就可以告诉我的学生了。不过，我这里想顺便问问，在座有没有同学知道阿弥陀佛的生日是哪一天，或者哪位听课的老师知道，帮助我解答一下？”

没有人举手，我正想结束教学，突然一位男生举手了，他站起来大声说：“是阴历十一月十六日！”

我正想问他的依据何在，却看到他刚才是在读文中的一句话，我恍然大悟：“嗯？啊，对了，文章中前面有一句话：‘记得是阴历十一月十六晚上，跟S君P君在西湖里坐小划子’，这不就是答案吗？”

全场鼓掌！

“哎呀，你这个回答提醒了李老师：我读得是多么粗心啊！在这一点上，你超过李老师了！同学们，陶行知有一句话：‘先生之最大快乐，是培养出值得自己崇拜的学生。’现在我就崇拜他！”

全场大笑，掌声如雷。

《冬天》的反思

细细想来，这堂课成功的原因其实很简单：我不追求我讲了多少，而追求我引导学生自己悟出了多少。

“对话”是新课程理念中出现频率最高的词之一，但“对话”并不是让学生自发地讨论，而是在教师的引导下，带着自己的经验钻研课文，进而领悟课文的思想感情——所谓“把自己的心摆进去”，或者说“用自己的心去感受作者的心”。然后，各自谈谈自己从课文中的所悟所得，分享各自的收获。当然，教师也参与其中，分享学生的收获，共享美文。

那么，在这样的课堂上，教师的引导作用何在？教师主要的作用是营造一种平等、和谐的对话氛围，让每一个学生都拥有舒展的心灵、思考的大脑，然后用感情融汇感情，让思想碰撞思想。当然，教师的感情和思想也参与到学生的感情和思想之中。我始终提醒自己：不要老想着把自己对课文“深刻的领会”“精彩的分析”“独到的见解”讲授给学生，而应该让学生自己去领悟。哪怕学生只领悟出了五分，也比老师灌给他十分强！

而事实上，一旦学生情感的闸门被打开，思想的火炬被点燃，他们精神世界所迸发出的“深刻”“精彩”和“独到”……远远超出教师的想象，也是教师望尘莫及的，更是教师的任何事先设计所无法预见的。在这种情况下，我们所追求的“民主”“平等”“和谐”“自主”“探究”……都自然而然呈现了出来。当那位女生由朱自清的父亲“夹豆腐”想到自己父亲给自己夹菜而流下眼泪时，当学生们围绕文章题为“冬天”是否“文不对题”而争鸣时，当最后一位发言的那位学生说出关于“阿弥陀佛生日”的答案时……我由衷地感到，任何人为“导演”的“高潮”“亮点”都不及学生感情激荡、思想喷涌时所自然而然绽放的心灵花朵更为灿烂夺目！

民主的核心理念是尊重，而语文教育现在最缺乏的，就是对学生的尊重。因此——

永远不要自以为是，永远不要低估学生的智慧，做一个学生心灵海洋的推动者，而不要做学生心灵的屠宰者！这次执教《冬天》，我再次这样提醒自己。我的成功也在于此。

《冬天》的联想

由《冬天》这堂课意外的成功，我想到现在的语文教育现状：我们究竟应该怎样教语文？

现在的语文教育似乎越来越花哨了：各种“流派”层出不穷，各种“理念”缤纷斑斓，各种“标签”新颖别致，还有一个又一个的“首创者”“率先提出”“国内第一个”……源源不断。

语文教学当然要讲究技法和艺术，但语文教育真的有那么复杂、那么玄妙吗？

我年轻时曾追逐各种花样翻新的教学法，但后来渐渐无所适从。我常常追问自己两个非常朴素的问题：“我给学生训练了这么多的方法，当年我是不是这样学语文的？”“学生做的那些古怪的考试题，我是不是都会做？”而答案往往是否定的。然后我又问自己：当年我自己是怎样学习语文的？无非就是多读多写，哪有那么多的“方法”“技巧”？

对比现在学生的语文学习，我又不禁思索：学生应该读什么？（仅仅是课文吗？）学生应该怎样读？（非要用所谓“关键词”“关键句”把文章切割得支离破碎吗？）学生应该写什么？（仅仅是教师命题吗？）阅读量应该有多少？（仅仅限于教材篇目吗？）写作量又应该有多少？（仅仅限于课堂作文吗？）学生应该怎样读？（是不是非要“受教育”不可？）学生又该怎样写？（是不是非要写“托物咏志”或“借景抒情”不可？）……养成多读（尽可能多地接触语言材料）、多写（尽可能多地实践语言技能）的习惯，在不断熏陶、感染、领悟中形成对语言的敏感和敏锐（即人们通常所说的“语感”），这就是我自己当年语文学习的经历，我想可能也是大多数语文教师有过的体会。我们何不把这些质朴的道理告诉学生，并设法让他们也具备这样的语文学习习惯——实际上也是生活的习惯呢？

我们常说要尊重学生，可是我们自己都不用的“技法”却要强加给学生，这显然是对学生的不尊重。

于是，我根据自己的学习经历总结出两点：阅读，就是让思想自由自在地飞翔；写作，就是让心泉自然而然地流淌。那么，同样的道理，阅读教学就是鼓励学生的思想自由飞翔，写作教学就是引导学生的心泉自然流淌。

我就根据这两点实施语文教学，于是我的课便被人称作所谓的“教学创新”、所谓的“素质教育”！

常识的重申

语文教育不只是“字、词、句、段、语、修、逻、文”的训练，而是与人的精神、情怀、人格密不可分的；但是，所谓“人文教育”必须落实于对每一篇课文乃至每一个字的咀嚼，包括必要的训练。离开了对语言文字的品味与运用，语文课就成了“思想品德课”或“主题班会课”。

有时候专门的学习与训练是必要的，但有效的语文教育是一种潜移默化的濡染，是一种自然习惯的养成；语文学习则是一种生活习惯，或者说一种生活方式的自然呈现。让学生的语文学习与日常生活水乳交融，应该是语文教师的追求。

语文课的魅力，就是教师本人的魅力。教师本人的魅力更多的是人格与学识魅力。因此，语文教师应该具备学者视野、诗人激情。一个真正有学问与情趣的教师，无论他怎么教学，哪怕他有时候“满堂灌”，都叫“素质教育”。

备课时，教师对教材的钻研与挖掘越深越好；但是在课堂上，则应将课文深刻的思想内容和学生的生活打通，让他们轻松地感悟课文内容。任何脱离学生实际因而让学生不知所云的“精彩讲解”“深刻分析”，都不过是教师的自娱自乐甚至如钱梦龙老师所说的“自言自语”而已。

不要把课堂填得太满，留一些空间给学生，留一些空白给自己。教学的流程随课堂现场的情况而自然推进，教师“教”的思路和学生“学”的思路融为一体，教师和学生不知不觉地走进对方的心灵，同时也走进课文的深处。

哪有那么多理念、模式啊？语文教育其实很朴素的，因为语文本身就不需要任何花哨的标签。课堂上，领着学生读一读、议一议、问一问、说一说、练一练……其间妙趣横生、开怀大笑，或热泪盈眶、心灵激荡，就是很好的语文课了！

……

我越来越是一个“教育保守主义者”。继续实践与深入思考的结果，不是什么“创新”，而是回归——回到起点，归于常识。

素养的追求

马克斯·范梅南（Max van Manen）在谈到师生关系时说：“我们从一位伟大的老师那里所‘获得’的与其说是一个具体的知识体系或一组技巧，还不如说是这位体现和代表知识的老师的行为方式——他或她的生活热情、严于律己、献身精神、人格力量、强烈的责任，等等。”

他的意思是，教师对学生的影响绝不只是知识，而是全部人格。因此，一堂好的语文课是语文教师综合素质（或者说全部人格）的体现——有学问，有思想，有情趣，有才气，有胸襟。

第一，有学问。

课堂的魅力就是教师的魅力，而教师的魅力主要就是学识的魅力。教师在讲台上一站，就要让学生感到你有一种源于知识的人格魅力。这种魅力，更多地来自阅读。

我有一个不一定严谨的说法：只要教师肚子里真的有学问，那他无论怎么教，甚至哪怕他“满堂灌”，都叫“素质教育”，都叫“新课改”！旁征博引，信手拈来，俯视古今，联通中外……这样的课不但吸引学生，而且会震撼学生的心灵，打开学生的视野，激发他们的思考与创造。如果老师肚子里空荡荡的，只会根据教参来备课、上课，课堂上必然捉襟见肘。

作为语文教师应该读什么书呢？教育经典、专业读物，都是应该读的，我就不多说了。我这里特别要强调的是多读人文书籍：政治的、哲学的、历史的、经济的、人物传记、长篇小说，等等，都应该在我们的视野之内。我们阅读，不要有“明确的”功利色彩，不是说为了备课找资料才去阅读什么书。不是的。我们阅读是为了充实我们作为知识分子的精神世界，为了让我们能够站在人类文明的精神高地俯瞰我们的每一堂课。

第二，有思想。

这里的“思想”既是动词也是名词——指能够独立思考，并形成自己独到的见解。通俗地说，语文教学就是教会学生通过语言文字准确把握领悟其中的思想情感，并能够熟练地运用语言文字表达自己的思想情感。这就要求教师有自己的思想情感，而不是只会复述教参、人云亦云。学生思考的火焰只有用教师思考的火种去点燃。

我们常说要培养学生独立思考的能力，那教师自己就必须是一个独立思考的人。马克思的战友威廉·李卜克内西（Wilhelm Liebknecht）这样评价他：“他是一个彻底正直的人，除了崇拜真理之外他不知道还要崇拜别的，他可以毫不犹豫地抛弃他辛辛苦苦得到的他所珍爱的理论，只要他确认这些理论是错误的。”我认为，教师也应拥有这样一种追求真理、崇尚科学、独立思考的人文精神。我们实在无法设想，一个迷信教材、迷信教参的教师会培养出富有创造精神的一代新人。

应该说，现在还有不少语文教师离开了教材就不知道该怎么上课。而有思想的语文教师的直观体现，就是能够不依赖教参而对课文有自己理性的分析，并带着学生一起思考。与其教给学生以现成的思想，不如带动学生一起思考。

第三，有情趣。

有的语文课，重点突出，条理清楚，知识准确，但就是枯燥沉闷，学生依然不喜欢。这样的课让人说不出有什么问题，但总觉得哪里不对劲。细想起来，是因为这样的课少了一点情趣。

多年来，我们研究思考教育教学，往往是站在成人的角度，或者说站在教师的角度，而忘记了“儿童立场”——要符合儿童的特点，站在儿童的角度来设计我们的教学。

我曾经对“什么是好的教育”有过通俗的解说，就是“既有意义又有意思”。所谓“有意义”，是站在教育者的角度说的：我们的责任、使命、理想，我们的教育目的，我们所要传递给学生的真善美品质，还有要培养的公民意识与创造精神……所谓“有意思”，是站在孩子们的角度说的：情趣，浪漫，好玩儿，其乐融融，心花怒放，欢呼雀跃，心灵激荡，泪流满面……

顺着这个逻辑，我对“什么是好课”也有过通俗的理解，就是有效加有趣。有效，就是教师完成了教学任务，而学生们有收获。有趣，就是能够吸引学生，让学生在课堂上兴趣盎然、心情愉悦、如沐春风，觉得时间过得很快，下课后盼着第二天再听这位老师的课。如果只是有趣而没有效，上课就成了看小品，搞笑而已。但如果课堂没趣，只追求所谓的“有效”，一味地讲授，这样的课学生不爱听，也很难达到真正的有效。如何才能达到“有趣”？语言的风趣机智，让课堂活泼和谐；将知识和学生的生活相联系，让学生觉得学知识其实就是学生活；引导课堂讨论甚至争鸣，让学生的思想碰撞；组织学生参与课堂教学，让学生自主学习……这些都能让学生感到课堂有趣，因而全身心地投入。

课堂的情趣取决于教师的情趣。语文教师应该是一个特别有情趣的人——热爱生活，爱好广泛，激情澎湃，诙谐幽默，妙趣横生，潇洒浪漫……在他的课堂上，或开怀大笑，或热泪盈眶，或古典雅致，或新潮时尚，总之让学生既受益又好玩，不仅喜欢语文而且也喜欢甚至迷上语文课。

第四，有才气。

在我的心目中，语文教师应该是才华横溢的人。我说这个话的时候，想到的是我中学时代的喻仲昆老师。那时语文书上多是批判的文章，毫无文采可言，但喻老师依然把这些枯燥的文章讲得有声有色、有滋有味。特别是他写的一手好字，一手好文章，还有一副好口才，让我对他佩服得五体投地。喻老师去世很多年了，可我至今还珍藏着他 40 多年前给我批改过的作文。

语文教师应该能够写一手好文章。我们当然不一定是诗人，但我们应该具备诗人的气质；我们也不一定是作家，但我们应该拥有作家的情怀。而这里的气质和情怀都应该体现在自己得心应手的文字中。现在，究竟有多少语文教师能够写好文章？没有语文能力或者语文能力不强的教师，是很难培养起学生真正的语文能力的。在这里，“培养”同样首先意味着教师本人语文能力的示范。从某种意义上说，我们不是给学生讲语文，也不是带着学生学语文，而是用自己的语文气质去感染学生。教师本人应该“语文化”，并自然而然地去“化”学生。

语文教师还应该有一副好口才。课堂上，或丝丝入扣，或诙谐幽默，或慷慨激昂，或娓娓道来，或令人开怀，或催人泪下……总之，语言一定要有感染力。语文教师还应该是讲故事的高手，无论多么深刻的道理，他都能通过生动形象的故事深入浅出地表达出来。他还能够根据需要，恰当地将自己的生活经历化作教学资源甚至课程资源，以故事的方式注入孩子的精神世界。多年以后，学生也许忘记了一篇完整的课文，但课堂上老师的几句特别的话语，或一段有趣的故事，却一直印在记忆中。

语文教师的才气当然还可以体现在其他方面，但出色的写作水平与高超的演讲或讲述能力应该是语文教师的“标配”。

第五，有胸襟。

这里说的胸襟，是一种尊重、平等、宽容的气度，核心是尊重学生心灵的自由。

尊重学生心灵的自由，就要帮助学生破除迷信。这里所说的“迷信”，主要是指学生长期以来形成的对教师的迷信、对名家的迷信、对权威的迷信和对“多数人”的迷信。尊重学生心灵的自由，就要让学生在课堂上畅所欲言。特别是在阅读教学的课堂上，教师应该为学生提供一个思想自由的论坛：面对课文，教师和学生之间，学生和学生之间，教师、学生和作者之间应该平等对话；在平等的基础上，交流各自的理解甚至展开思想碰撞——尤其应该尊重学生发表不同看法的权利，并且提倡学生与教师开展观点争鸣。还应该鼓励学生公开指出老师教学中的错误，教师应该心悦诚服地接受来自学生的批评指正。尊重学生心灵的自由，就应允许学生写他们自己的文章。文章应该是思想感情的自然体现，写文章应该是心灵泉水的自然流淌。尊重学生心灵的自由，就是尊重学生思想的自由、感情的自由、创造的自由。自由精神当然不是语文教育所独有的内核，而且也不是语文教育的全部内容，但没有自由精神的语文教育，便不是真正的语文教育。

语文教育的泰斗于漪老师说她“一辈子学做教师”，作为后辈，我更是如此。学教了一辈子的语文，也追求了一辈子的语文教育理想——让学生盼着上我的语文课，让语文逼近人的心灵，让语文学习成为最自由、最愉悦、最美好的心灵之旅。

理想也许还遥远，追求永远不会遗憾。

连中国

特级教师，中国语文报刊协会写作教学专业委员会副理事长，中国语文报刊协会课堂教学分会秘书长，中国教育学会“领航计划”专家。北京教科院基础教育研究中心语文市级教研员、北京四中首届人文班班主任及语文教师、北京四中首届道元班语文教师，中国逻辑学会理事、全国语文报杯课堂大赛一等奖获得者、统编教材教参的编撰者。全国统编新教材培训特聘专家。北京师范大学教育硕士研究生及免费师范生培养兼职导师、北京联合大学师范学院教育硕士研究生教育实践兼职导师。

人立而凡事举

教育是为了“人”更丰富有效地发展，是为了“人”更幸福灵性地生活。而“人”的希望便是整个家族，当然也是整个民族未来前途扎实而具体的希望。这一主旨与核心，便是贯穿我的教育教学生活最主要、最基本的思考与实践主线。

一、我的核心教育观与成长观：我渐渐知道自己的语文课应该指向“人”

2016 年 8 月，第二届全国中学语文批判性思维教学现场会暨“中学生批判性思维培养与思辨读写教学实践研究”课题年会在上海成功举办。在现场会上，我执教的是鲁迅先生的《药》。

（一）课堂的基本定位：人立而凡事举

在此之前，我对《药》的基本认知是：“鲁迅小说作为中国革命的一面镜子，对学生具有极高的历史教育价值。学生从鲁迅的小说中，可以看到被帝国主义、封建主义压迫的积贫积弱的中国，可以看到一个利用封建思想、封建传统来‘杀人’的旧社会，可以看到在黑暗的社会中如蝼蚁般活着的人们，看到在黑暗的现实中亮起希望的火把的觉醒者。学生可以通过鲁迅的小说，铭记历史，培养‘天下兴亡，匹夫有责’的家国情怀。”表面上看，我是陷在“情节、环境、人物”三要素的框囿里，其实，我是陷在“无我”的状态里。

2004年，我调入北京四中。我永远感谢2007届、2010届这两届学生！他们的到来是上天赐予我最重要的礼物。一方面，年满30岁，我自身经历着一些至关重要的改变与突破；另一方面，学生浩渺无尽的认知，对世界真诚而好奇的眺望，二者相互作用，让我渐渐理解到了语文课超乎寻常的“力量”，有一种远远超越分数本身，却不鄙视分数的“远方”在我的眼前渐渐清晰起来！我渐渐地感觉到，除去知识储备、能力提升、分数增长之外，在更本质而完整的意义上促进人的发展，是多么重要而迫切的事情。分在人中，我们师生今生幸福亦在人中，民族的未来更在人中。这三者汇成一股强大的力量直抵我的头脑与肺腑，让我此后虽历经人生的艰辛辗转，却沉吟至今，从未忘怀。

读鲁迅，我渐渐感知到那不是帮助我们成就对旧社会、旧人物的优越感，而是指向了我们自身的“不寒而栗”。成熟的阅读，不是向外，而是尖锐地指向自己。阅读的核心意义，常常在打破及打破之后。

“人立而凡事举”，这是鲁迅先生所言，恕我无能为力找到更恰切的表达，其实这也道出了目前我对语文课的核心追求。这句话，是我与鲁迅、我与《药》得以走进与沟通的一条至关重要的超越时空的生命索道。

其实，这些看似无关紧要的话是不能不说的，没有“人”的发展，就没有“课”的成长；没有自我充分的“建立”，便会被其他自然地“占领”。

（二）课堂的核心要素：我们思考到的世界就是我们真正拥有的世界

囿于条件，这次研究课上的是《药》的第三课时。选取《药》，基于两个考虑。一方面，批判性思维需要有教材处理与日常教学具体实践的支撑，《药》是我们中学教学的一篇常规篇目，许多老师讲过，都要讲，是我们普通教师必须面对的“正常生活”；另一方面，《药》是鲁迅先生最具代表性的篇目之一，作品具有深邃而开阔的思考容量。

小说设置了明暗两条线索，但这绝不仅仅只是一个技法的问题。鲁迅更关注也更希望我们关注的是普通民众对崇高卓越的现实隔绝与残忍的集体无意识的侮蔑践踏（甚至是“吃掉”），这构成了鲁迅心灵的大回旋与大震颤。而小说第三部分“谈药”，是最能体现鲁迅此种焦灼思考的部分。为了将鲁迅的焦灼思考、教师的生命体悟与学生的眼前现实连通起来，我在这节课设计了这样三个逐层推进的核心教学环节。

第一，通过摘录刽子手康大叔“谈药”的间歇性的语言，使夏瑜这道奔涌在作品地下湍急悲怆的暗流清晰地呈现出来。进而，为了引导学生准确把握夏瑜的故事，再通过几个关键性问题推动学生的想象与思考。这一部分，既是后面师生展开进一步思考扎实而关键的凭借依托，又力图使师生进入丰沛而充满兴味的文学欣赏过程中，在创造性的想象中去探究思考，在深入思考的过程中展开个性化的呈现。师生与作者“合作”，共同完成一部伟大作品的创造。师生在真挚丰富的情感涌动中，诞生富有理性的思辨判断。

第二，探析“茶客”的生命状态及命名方式，明确茶馆的典型性。在这一部分与学生探讨了一个核心问题：有人认为茶馆中的茶客，三个人其实是一个人，三个人其实是许多人，三个人就是三个人，你对这个说法如何理解？三个人是一个人、许多人，这个问题侧重在鲁迅的思想性上。三个人就是三个人，这个问题侧重在鲁迅的文学性上。思想家的鲁迅是基于文学家的鲁迅表现出来的，这一点认知对于学生切实走进鲁迅的世界具有重要的意义。

第三，逐渐呈现图表，直观而形象地勾连夏瑜的人际关系（从个人家庭角度来看，夏瑜遇难的悲剧意味也很浓厚），于此基础上深层思考夏瑜的悲剧性意义。

鲁迅的反思、质疑既指向华老栓们、看客们的愚昧、麻木，又反省启蒙者夏瑜们自身的弱点。从中我们可以充分看到，作为启蒙者的鲁迅，他的思考既深沉又悲怆！我们在这些看似平静叙述实则惊悚澎湃的文字里，充分感受到了鲁迅经久不息的思想颤动！

鲁迅先生又似乎在告诫我们：我们每个人都应该警惕我们的“局困”，我们沉陷其间，却是那么无知又无识。

语文学习最重大的一个意义在于：我们渐渐知道在我们师生身上还有很多“老栓”的东西，有些“夏瑜”可能还遥遥地在我们的意识层之外。我们要不断警惕并内省我们身上的“板滞”与“恍然大悟”。想法，压着我们的整个人生。

师生的一份重要成长，就是能够逐渐意识到人的“局困”并由此产生或谦卑或悲悯或警惕等心理机能，必要时自然也要产生力图突破的努力。有价值的阅读与思考，有时候就是要将我们最根本的困境揭示出来，让我们惶恐尴尬而满脸羞惭地看。

师生，就是在这样循环往复的课堂思考中来完成一些非常重要的生命疆域的有效构建。冲破窄小的自我，冲破我们自己的“铁屋子”：这种突破是师生共同需要的，而且并非一次性可以完成。从这个意义上讲，我们感恩课堂，正是课堂保证提升了我们生命应有的质量。

一节课最重要的是我们因为“遇见”而萌生了什么；此种萌生不见得一下子会有多么茁壮，但在静静的课堂里可以照得见全身嫩绿骨骼的破土而出，是让人震撼的。低一低头，抬一抬头，回一回头，都是课堂里重要的质素。

从某种意义上讲，我们思考到的世界就是我们真正拥有的世界。上课的时候，一位学生答：“驼背五少爷等茶客也不是什么坏人呀！”如若我们只能从道德层面去认识“人”，算不算是一种“局困”呢！

我曾对学生说：“我特别关心大家的生命困境，我也有我的生命之困。我愿意听到大家真挚坦诚的生命之困；然后我们大家一起认真地面对它，思考它。

或许我们最终仍无答案，但我们的惶惑就是我们最大的财富。”夏瑜对阿义道“可怜”，我想心境是异常复杂的，他是在看见愚昧的同时认出了自己的原型而从内心深处涌出了深刻的悲悯！

（三）课堂的重要依托：没有语言的切实体认，我们的思考难以真正前行

如前所述，认知并思考夏瑜的悲剧性意义是本课重要的一项内容。在这节课中，茶客对夏瑜的“认识”集中体现在两个关键词上：板滞、恍然大悟。品评这两个词，我们便可以充分体认到这种“误解”的深入与坚固。对于语文的学习而言，语言的品味，是思考得以深入重要的基础。

“板滞”是茶客外在的面部表情，其内心世界则因夏瑜道出的“可怜”而经历了一场思维逻辑上混乱的、本能性的“冲突”。“板滞”形象地写出了促使他们生命觉醒的火光微茫地跳动了几下，然后终被习惯的势力、传统的思维所构筑而成的强大而严酷的“千里冰封”吞噬窒息的过程。

在他们愚昧无知的生命系统、思维系统中实在是无法开通理解夏瑜所说所为的思维渠道。他们设想了种种合理的可能，但却遇到了处处的不“合辙”，种种的“不通”，最后只有也只能将夏瑜解释为“疯子”，夏瑜的“可怜”才能合上他们心中古老而坚硬的逻辑，好个“恍然大悟”！一个人拥有什么，从而才能理解什么！不仅如此，大作家赋予民族语言一次次新生命，思想家的鲁迅是基于文学家的鲁迅的。

名著是常读常新的。这次备课，我重读“板滞”又有了新的体悟。毕竟“板滞”了，我于此时仿佛看到了在苍茫的黑夜中写作的鲁迅心中对浩大坚硬的“历史”与“现实”无限凶猛的冲击力与澎湃汹涌的悲怆感！这冲击力与悲怆感，直抵心中。好的课堂与阅读的一个特质，便是心事浩茫连广宇，就是帮助我们摆脱狭隘的现实，将自我与更辽阔、更广远的事物相关、相连。

（四）课堂的理想辐射：对学生终身阅读习惯的影响与对整本书阅读的拨动

一节节的语文课，和学生终身阅读的兴味与习惯有何关系？学生心中最宏大、最重要的内容似乎都不是直接教出来的，我以为是在师生相处的过程中，基于真实的“人”的影响，在学生的心头逐渐生长出来的。阅读也是这样的道理。师生终身阅读的习惯，不仅是靠讲基本的道理讲出来的（当然讲道理也有天壤之别），更重要的是在师生相处的过程中，靠一个个自然而然的细节点染，在一个个具体的过程中，将阅读的妙处与价值滴落在学生的心中而润泽孕育的。不要小看了那一方黝黑肥沃的人心中的泥土，人最美妙的改变就是于不知不觉中，一种力量或一个愿望在心底的泥土中破土发芽了。

在此次与学生有限相处的研究课上，我努力用自我真诚的阅读体验去映照课堂。在课上，我说：“西方现代主义文学大师卡夫卡曾经说过一段启人深思的话：‘如果我们所读的一本书不能在我们脑门上击一猛掌，使我们惊醒，那我们为什么要读它呢？’”在课上，我说：“阅读，常常将我们从自以为是的‘有’，一下子变成了清醒理性的‘无’。”在课上，我说：“阅读是一种创造，阅读不是止于概念，而是进入作品丰富的情境与体验中。”在课上，我说：“好的课堂与阅读的一个特质，便是心事浩茫连广宇，就是帮助我们摆脱狭隘的现实，将自我与更辽阔、更广远的事物相关、相连。”在课上，我说：“一个中国人如果平时没有读书的习惯，如若没有合格的课堂，他脑子里装的东西基本就是围绕着考试的教科书、宫斗剧、偶像剧、综艺节目、各种八卦垃圾信息……”

其实，课堂不过是一石投湖；一节课，为的是击开万丈天光。一节课与《药》是什么关系？与《呐喊》是什么关系？与《彷徨》《故事新编》等是什么关系？与鲁迅是什么关系？与现代文学创作与思想史又是什么关系？我们何以迷上了一种款式，何以要去看那一场电影，万事的开端总要有个“头”；上好了一节课，是不是就是开了一个“头”呢？整本书，不可能一口气吞下，怎么去开好这个“头”呢？我们如若去回想自己曾经读过的一整本书，似乎想起来的也不可能是毫无遗漏的完整的全部，而是落在我们阅读生命中的那些心有所感、心有所悟的“点”。那么，我们该怎样去用有效的、富于灵性的那些“点”去支撑起一整本书呢？

（五）课堂的遥遥所寄：好课如远钟

一节好课，就是要“出神入化”！“出神”，就是要求在课堂里能够拿出我们师生生命里最美好、最重要的东西参与进来；当然，也是说在课堂的启发下，我们的内部世界打开并在潜移默化中完成一些重要的构建。“入化”，就是希望我们的生命由此而徘徊瞻顾，低吟沉思，有所更新。每节课，我们要努力与那个可以“出神入化”的自己相遇。师生皆是如此！有一句话，我觉得很重要，那便是：开始便好！高贵辽阔的秋天，是源自那一角尖尖的金黄吗？

我一直偏狭地以为，好课不仅落在卷子上，更是落在我们的生命里。它伴着我们的发展成长，伴着一天天飘落的日历，在我们的生命里慢慢发酵。没有师生生命的真切孕育，课堂不久便会死去的。它可能一度很安静，但从没有停止过与我们深度的关联。我们进入得愈深，它的“内在”便愈加深刻锐利，隽永醇香。好课，是与生命一同舒展枝叶的……一天，你早已离开了学校的课堂，在某一个不经意间，抑或恰逢了某种机缘巧合，那曾经的课堂，那落在生命里的好课，自悠久漫漫的岁月深处恰似远钟悠然鸣响，隔了苍莽的远山，绕过古塔，传过来……杳渺而又亲近，你周身再次被它笼住，既温暖又明澈，既坚定又谦和，你在眼前的现实里看见了冲开的未来……所有的好课，都不只是上给学生的，它分明也在深深地影响并塑造着我们教师自己。

鲁迅深情地说：东方发白，人类向各民族所要的是“人”，自然也是“人之子”。我将“人之子”三个字写了板书，之所以这样，是因为我诚挚地希望我们都能够听懂并关注到鲁迅的这个声音。我觉得那时有一种萦回不绝的心音自遥遥穹顶深处，洒落奏响。

我渐渐知道自己的语文课应该指向“人”，关乎分数（这似乎也不丢人），关乎幸福，关乎未来。

二、我的核心教学观与考试观：课堂是一位脚踏河岳、昂首云霄的巨人

（一）课堂是一位脚踏河岳、昂首云霄的巨人

每年，我都在高一刚入学的学生身上嗅到浓重的简单应试的气息。有人言，有高考在，就什么也别说。应试最紧要、最残酷、最压抑、最难缠……应试，少不了做题，自然也应该做些题。那我们就从现实的一道高考古诗鉴赏题说起。

初见嵩山

张　耒

年来鞍马困尘埃，赖有青山豁我怀。

日暮北风吹雨去，数峰清瘦出云来。

[注]张耒：北宋诗人，苏门四学士之一，因受苏轼牵连，累遭贬谪。

（1）作者初见嵩山是什么样的心情？这样的心情是怎样表现出来的？请结合全诗简析。（5分）

（2）“数峰清瘦出云来”一句妙在何处？“清瘦”有何种精神内涵？（6分）

万法之法，莫过真读；但简单应试，恰恰避开、绕开了这一点。我们在读诗上用很少的一点时间，甚至几乎不用什么时间。我们将整节课的重心放在古诗鉴赏题答题要领和方法的总结上，甚至细化到答“心情题”的模式是什么，答品味词句题的模式是什么……这样的课堂枯窘的岂止是学生！

我们改变不了普遍的现实，但或许能改变的是我们课堂里的师生相处。无论是高一、高二，还是高三，始终激动人心的一定是作品本身，是阅读本身。张耒的这首小诗，秀丽开阔，刚健爽朗，意蕴丰富，读过清新难忘。因此，我的课堂更愿意指向作品本身。我们师生于此过程中，都获得了巨大的快乐与收获。

在古诗文的阅读当中，我们更容易看到汉字的气质与精神。一个个汉字，只要处在自己恰当的位置上，它们个个都可以成为真正的英雄。一个"困"字，四面封堵，毫不透气，足见内心的压抑与沉重。一个"豁"字，将意想不到的突遇的明快爽朗、光明希望一下子就表现出来了。所以"豁然开朗"是多么让人赏心悦目、终身难忘的事情啊！用"清瘦"状写山峰，不仅是拟人的手法，更重要的是朴字见色，如此一用，雨后的山峰显得更加神采奕奕、意气勃发。"清瘦"二字里，没有丝毫的慵懒与懈怠，仿佛一个对世界充满向往、朝气蓬勃的青年人一般，一点也不"油腻"。汉字是我们民族文化的基石。传承与理解文化，需要从对汉字的品认开始。对母语的学习，绝不仅仅只是认识一些字，而是要将这些汉字结交为自己的朋友和知己。从阅读与写作中，我们要能不断感受到汉字的力量，产生对汉字内在的信仰。

在这首诗中，我们可以清晰地看到自然与人类的关系。正是开阔秀美的自然，给予了落魄失意的张耒以浩大明朗的力量。自然是人类永远的导师。数峰从顽积厚黑的积雨云中秀挺而出的状况，给了诗人多么重要的人生启迪与精神力量啊！一个人，只有他的精神富有了力量，内心突破了，他才能完成真实意义上的"站立"。这是一首诗歌的创作，又何尝不是一个人从现实严酷的围堵困缚中冲杀而出的一场生命的突围呢？当诗人的精神得以在自然的感召下又一次清朗屹立于雾霾浊世之中的时候，诗人的这种突围便愈加震撼人心。美好的生命与美好的自然，恰如其分、恰到好处、自然而然地融为一体，生命的画卷与自然的画卷彼此佐证、相互映衬，这样的画面将永远朗润如新，给人以无尽的美感与力量，给人以永恒的启迪与召唤。美，从来就不是仅仅供人消遣的对象，甚至也不是仅仅供人欣赏的对象。美从来都不是软弱无力的，更不是轻靡消沉的。美是无言的竞争力，美是一种力量，更是一种智慧。

凡此种种，其实难以言尽，一首小诗，可以产生无尽的威力。以上这些内容还只是这首诗的部分意蕴。只要我们生命体验无限，一首好诗的意蕴也便无限。我们今日读此诗，虽无贬谪之累、奔波之苦，但一部好作品恰恰能切中人类共同的命运。我们会觉得它与我们当下的现实，也产生了极大的相关性。因此，我们从中受到的教益，获得的启发，自然也是深刻的。

真正的成长，带给师生的快乐，是难以言说的。真正的成长，内在而磅礴，对于读和写都会产生深远而宽广的意义；而读与写，是语文得分的两个关键。

（二）“荡胸生层云”的课堂，在现实中不能也不该是软弱的

我知道，如若我们耐着性子读到这里，有一种反问已经压在我们的舌底，直欲破口而出。“理想很丰满，现实很骨感”是我们常用的托词。但我想，“荡胸生层云”的课堂，在现实中不能也不该是软弱的。我强调“不能”，是因为“高贵”如若战胜不了“屈从”与“臣服”，甚至“甘愿”，那么我们无论怎样提倡强调，都将会是软弱无力的。我强调“不该”，是因为学生真实的前途，我们作为老师，绝不可以掉以轻心、大袖一挥。课堂这位巨人，从来就没有离开过脚下的大地。因此，我们有必要在严酷的、“提高一分干掉千人”的现实中，验证一下丰富与高贵的力量，验证一下真正成长的力量。

篇幅所限，仅举写作数例，野人献曝，权以“引玉”。对于写作，学生长期缺乏内在的成长，面对题目，只剩下了所谓的写作技巧。不重视真正内在成长的所谓的写作技巧，其实就是各种各样的“生憋”。

也许将来有这么一天，我们发明了一种智慧芯片，有了它，任何人都能古今中外无一不知，天文地理无所不晓。比如说，你在心里默念一声“物理”，人

类有史以来有关物理的一切公式、定律便纷纷浮现出来，比老师讲的还多，比书本印的还全；你逛秦淮河时，脱口一句“旧时王谢堂前燕”，旁边卖雪糕的老大娘就接茬说“飞入寻常百姓家”，还慈祥地告诉你这首诗的作者是刘禹锡，这时一个金发碧眼的外国小女孩抢着说，诗名《乌衣巷》，出自《全唐诗》365 卷4117 页……这将是怎样的情形啊！

读了上面的材料，你有怎样的联想或思考？请就此写一篇文章。

要求：①自选角度，自拟标题；②文体不限（诗歌除外），文体特征鲜明；③不少于 800 字；④不得抄袭，不得套作。

题目所言的“智慧芯片”，其实只能称作记忆芯片、知识芯片。在读诗的过程中，真正起到关键性作用的是人的生命体验与个性特征。这样的读者，会将作品读得花团锦簇，读得异彩纷呈。在《初见嵩山》的阅读过程中，我们管中窥豹，可见一斑。优质的作品，还需遇到优质的读者。读者个性化的体悟，是无法像百度“知道”那样，作为固化的知识来存储的。这也正是阅读永恒的挑战与趣味。

泉水在地下蓄积。一旦有机会，它便骄傲地涌出地面，成为众人瞩目的喷泉，继而汇成溪流，奔向远方。但人们对地下的泉水鲜有关注，其实，正是因为有地下那些默默不语的泉水的不断聚集，才有地上那一股股清泉的不停喷涌。

请根据你对材料的理解和感悟，自选一个角度，写一篇不少于 800 字的文章，文体自定，标题自拟。要求：立意明确，不要套作，不得抄袭。

如若我们只关注到了张耒的这首诗，只在艺术上评价这首诗的好处，那便是我们只看到了“喷泉”。“喷泉”的下面是有“地下的泉水”的，那便是张耒的心路历程。没有张耒精神的崛起，没有他内在的心路历程，就不会有这样秀丽而挺拔的诗篇。杰出的作品与作者内在的心魂之间，皆是这样的关系。当我们能够关注到一座“喷泉”下面的“地下的泉水”的时候，我们的阅读一定会富有更深广的力量。

某书店开启24小时经营模式。两年来，每到深夜，当大部分顾客离去，有一些人却走进书店。他们中有喜欢夜读的市民，有自习的大学生，有外来务工人员，也有流浪者和拾荒者。书店从来不驱赶任何人，工作人员说：“有些人经常看着看着就睡着了，但他们只要来看书，哪怕只看一页、只看一行，都是我们的读者；甚至有的人只是进来休息，我们也觉得自己的工作是有意义的。”

要求：①选准角度，自定立意；②自拟题目；③除诗歌外，文体不限；④文体特征鲜明。

我赞成图书馆的做法，因为阅读关乎一个人的精神世界，关乎一个民族的未来。阅读是一场拯救，阅读也是一场修复，将我们沉霾的心再一次濯洗干净，防止我们在尘世里沉沦得太久太久，滑落得太久太久，坍塌得太久太久。如若我们能够善待每一次阅读的话，我们的生命就是得到了一次拯救与修复。我们刚才在阅读《初见嵩山》时，所获得的收益，便可见一首小诗都可以有无穷的意蕴。我在这里以《初见嵩山》为例，是想说明，一首小诗的成长便可如此，那么我们师生如若胸中有个二三十首作品又当如何呢！

读与写，除却所谓的“方法”之外，最重要的是我们的情怀与思考能与作品、题目相匹配。这些匹配都需要有扎实的课堂，都需要有“荡胸生层云”的课堂，都需要在课堂上获得我们真实而内在的成长。

（三）没有内心的成长与充实便无法抗拒外界的简单与荒诞

潜进去，读进去，用心去感受文字，忠实于自己的内心，这些都是非常重要的。没有脚踏河岳、昂首云霄的巨人般的课堂，比现实更窘迫的还有未来的窘迫。一个只有一些固化的知识、只能适应屈从于现实的人，难堪大任。没有内心的成长与充实便无法抗拒外界的简单与荒诞——这是语文这个学科之于我们师生最关键、最重大的意义。

锁住了学生的课堂也必然将教师锁住。矮小的侏儒似的课堂，长不大的是学生，更是教师。

语文，是我们灵魂深处的风景。上语文课，首先是我们灵魂的旅行与探险，是我们灵魂的构建与出窍。我们必然知道，将语文搅动与酿造得越是秀丽无边，我们生命的风景便越是浩荡舒展。

在成就学生的同时，我们也在成就着我们教师自己。

三、我的结束语：成长并非易事

成长，并非易事。

梭罗说过一段话，发人深省："日出未必意味着光明，太阳也无非是一颗晨星。只有在我们醒着时，才是真正破晓。"

成长，当然希望是一种一路充满阳光与花香的过程，如若能一路狂飙突进则更为大妙。但我以为所有富有价值的成长里面或许都有彷徨、孤寂与沉重。真正的深入往往是伴着苦难而来的。其实，所有那些煊煊于外的指标都无法说明自我真实意义上的完整成长。

成长在不断步入沉重并且一次次与之周旋中完成，成长在我们生命自觉的内省与锲而不舍的追求中完成。在这个过程中，或许我们还远未取胜。阎连科在自己的作品获奖后说：因为卑微，所以写作。我想，所有像风一样自由飞行都是因为携带着内心的沉重吧！

时光流逝，涉世渐深，我才渐渐明白，我的所谓成功与失败，其实都是基于一个原因——我的心里，只有我的课；其余什么也装不进去了。

向教师致敬，因为那是一座被生命的泪水雕塑过的天庭！

唐彩斌

1976 年生，浙江兰溪人。杭州市钱学森学校、时代小学校长，浙江省特级教师，正高级教师。华东师范大学教育博士在读，国家义务教育数学课程标准修订组核心成员，教育部首届基础教育数学教学指导委员会委员，浙教版新思维小学数学教材副主编。获全国首届优秀教材二等奖，获 2010 年、2018 年国家基础教育教学成果二等奖，获浙江省第三届、第五届、第六届基础教育教学成果一等奖。出版《唐彩斌与能力为重的小学数学》《思维改变课堂——唐彩斌小学几何图形金课 20 例》等专著，主编《数学在哪里》《奇妙的数学在这里》等读物。

立足课堂，学生为本，能力为重

对于教师来说，远大的梦想，在日常微小的课堂里。从国际视野看，欧美国家的小学教师不太上公开课，甚至觉得课堂是一位老师的隐私，未经许可，“闲人”不可入内，甚至包括校长。而对于亚洲国家尤其是中国、日本等国来说，公开课是广大教师教学经验交流、教师研训的重要方式。对于我本人来说，先后在学校和教研部门工作，不完全统计，在参加工作的25年中，听过上千节公开课，上过上百节公开课，可以说公开课就是我教学生涯的一个重要组成部分，一节节的公开课记录着成长的一个个足迹，其中的若干节公开课甚至就是我成长的关键事件。

一、第一次上的公开课

记忆中的第一节课，应该是在1998年春天。记得那是一个学期开学的第一天，时任金华师范学校附属小学校长的滕春友作了一个重要的决定，工作例会后，所有的老师一起听我上一节计算机辅助教学的数学课“图形的面积”。对于刚参加工作不久的我来说，也是一个大场面。这一节课，主要是改变了教学手段，算是比较早地“让计算机走进课堂”，通过直观的图示，引导学生认识面积。现在回过头看，这节课的设计有待商榷，计算机辅助得也还可以更贴切，但对于当时能够实现计算机辅助教学，已经是一种新的尝试了。课堂引起了大家的较大反响，带动了一个区域计算机辅助教学的进展，也促动了一个学校多学科开展计算机辅助教学的良好局面。因为当时在全国开展计算机辅助教学也刚刚开始，所以这节课的教学案例也被《小学数学教师》录用。这也是我第一次在该刊上发表文章，备受鼓舞。还记得那时条件艰苦，没有现在常用的便携式投影机，为了展示，我们常常携带着沉重的29寸大彩电，搬来搬去，至今印象深刻。随着研究的深入，后来我加入了浙江省教研室的计算机辅助教学课题大组，还去宁波慈溪上了省级的公开课，慢慢地在工作中就确定了自己的研究主题和方向，每设计一节课都能及时整理出教学案例，先后在《中国电化教育》《小学数学教师》上发表相关专题的文章。正因为有“计算机辅助教学”这一点特色，我也多了一些机会，如获全市论文一等奖，获评浙江省教坛新秀……直到现在，信息技术与学科的整合也成了我一直以来的研究关注点。我还有幸主持了一项国家教育部重点课题“信息技术与数学学科整合的新方式”，和一线教师一起积累了数十个教学软件以及十多个经典课例，结集成书《技术改变课堂》，从辅助教到辅助学，从公开课展示到日常课使用，从辅助教学到辅助评价，积极探索，勇于实践，为促进信息技术在小学数学教学中的作用提供可选择的资源。经过多年努力，“大数据背景下小学数学精准教学评的整体优化方案”荣获浙江省基础教育教学一等奖。一个大课题源自一节课，一节课决定了一个研究方向，成了我小学数学教学实践和研究的一大特色。

二、意义非凡的公开课

第二节有特殊意义的公开课是在2001年秋天，地点在广东省茂名市电白区。我受《现代小学数学》教材主编张天孝老师的指派去参加《现代小学数学》广东分中心的年会，上一节课“运行图”。这节课是基于折线统计图的学习，结合现实情境应用数学知识，内容新颖，综合性强。因为内容有趣，贴近生活，尤其是课上学生表现精彩，上出了预设的效果，得到了现场专家和老师们的一致好评，德高望重的特级教师顾汝佐和中国科学院心理研究所张梅玲教授就在现场。若干年后才知道，这不是一个普通的上课任务，还是一次面试。因《现代小学数学》教材事业的发展，编委会正在准备吸收年轻力量，张天孝老师请顾老师、张老师两位元老来考核。如果说以前的公开课全凭技术占了优势，那么这节课，多少有些个人对教学的理解与课堂教学的把握，更重要的意义是通过这一节的教学，我的视线从关注“课堂”转移到关注“课程”。2002年起，我正式调至杭州市上城区教师进修学校工作，在《现代小学数学》教育研究中心开始教材建设与教学研究的生涯。在张天孝和朱乐平两位老师的引领下，我们形成了一个老中青的团队，团结协作、刻苦研发，克服重重困难，在全国几乎停止教材立项审查工作的背景下，终于抓住了一个难得的机会，挤进了义务教育实验教科书的行列，所编教材最终成为全国通过教育部中小学教材审定委员会审查通过的八套小学数学教材之一。还记得刚开始实验的时候，我的任务是跟踪崇文实验学校的一个试点班级，教材是用彩色打印机一张一张打印出来的，实验过程事无巨细、躬亲处理，教材一页一页讨论，专家一个一个请教，教师意见一条一条记录，一次一次反复修订……回想起这一过程中得到的各方鼓励与支持，倍感欣慰；回想起所经历的风雨坎坷，感慨万分。一节公开课影响了一个人的人生轨迹，从一线教学转向教材建设、教学研究，从浙江金华来到了美丽的杭州，改写着人生的命运。

三、引发争议的公开课

第三节值得一提的公开课，是在 2012 年中国第三届小学数学教育峰会上。这是我们和《人民教育》编辑部联合举办的学术研讨会。这一次，我一边策划活动，做好会务工作，一边自己上了一节课“好玩的圆周长”。这是一节圆周长的练习课，主要是引导学生进行圆周长的变式练习，并从中发现规律。上完这节课后，听课教师反响不错，在场的很多专家也给予好评，认为选材比较新颖，教学设计得当。这节课的内容是源自 2012 年暑假在第 11 届国际数学教育会议上日本的一位小学数学教师上的内容，结合中国数学教学的背景，基于六年级学生的学习情况，做了相应的加工改造，“听”起来效果不错。但是，有一位我多年熟识的师长、来自美国特拉华大学的美籍华人蔡金法教授对这一节的教学效果保留他不同的看法。据他的课堂观察，“课堂的精彩，总是体现在几位表现好的同学在与教师的对话中，而对于全体学生来说，收获到底怎样？学生解决问题的精彩，很多时候是因为老师之前精彩的预设和铺垫，学生自己是否能独立解答？给学生独立思考的时间太短，以至于不能确定孩子们是否思考过……”课后，他与我的一番悉心交谈，让我还没来得及感受“顺利上完公开课”的轻松而又陷入了深思，立即重新站在“学生发展”的角度来设计这节课，“让学生自主经历解决问题的过程，让学生直面问题，让学生静静地、慢慢地解决问题”。在之后的一次公开教学展示中，还记得那是在台州临海的一所学校，我努力按照蔡教授指导的思想来调整组织教学，新的尝试给我带来了新的教学收获，也给了孩子们机会和时间，他们真的没有让我们失望。一上完课，我也难掩兴奋，立即把两个教学实录案例整理好，第一时间发送给在美国的蔡金法教授。在国际视野下，在实践和理论的双重视域下，我开始权衡“小步子”与“大问题”教学的不同，探索“教”与“学”的内在关系。在这一次课堂教学的比较研究后，我更加懂得：数学教学设计的流畅和实效，都应该以学生的获得作为依据。这一节公开课也促使我从关注严谨的“课程的逻辑”过渡到关注“学生真实的发展”。一节公开课，就是一次教学观念的争辩，是一次教学思想的升华，是“柳暗花明又一村”的豁朗与惊喜，是教学水平长期量变演化后的一次质变。

四、心中理想的公开课

我虽然上过很多公开课，但到底什么是理想的公开课，却一时难以表述，有时选择自己临时想到的几点加以表述便误以为就是全部。记得华东师范大学的叶澜教授曾经提到，一堂好课没有绝对的标准，但有一些基本要求，大致表现在五个方面：有意义，即扎实；有效率，即充实；生成性，即丰实；常态性，即平实；有待完善，即真实。我深感认同，联系自己听过、上过、想过的公开课有切身体会和独到感受，“实”字当头，应坚持五个意识。其一，要有质量意识，关注数学，关注儿童，不要浪费课堂宝贵时间做无关数学学习、无关儿童成长的无意义的事情；其二，要有目标意识，内容科学精准，过程高效精练，不能把教师个体对内容的片面理解误以为对数学内容的改造，不能把“笑果”夸大误以为效果，目标可测，效果可见；其三，要有主体意识，教师主导，学生主体，不要把课堂演变成教师个人魅力的展示台，或是教师和优秀学生的“对话秀”，而更要关注每一个学生认知的进步、经验的积累和情感的体验；其四，要有整体意识，放扶有度，节奏得当，不要追求师生对答的精致度和流畅性，而要看每一个学生的参与度和增长性；其五，要有普适意识，经验可复制，教学可借鉴，要让公开课中的学习材料、组织方法和教学思想融入日常的课堂里。

2018 年 9 月起，教育部官方多次在高等学校本科教育的工作指导意见中提到“淘汰水课、打造金课，合理提升学业挑战度、增加课程难度、拓展课程深度，切实提高课程教学质量”，也明确了金课的“两性一度”标准：高阶性，知识能力素质有机融合，培养学生解决复杂问题的综合能力和高级思维；创新性，课程内容反映前沿性和时代性，教学形式体现先进性和互动性，学习结果具有探究性和个性化；挑战度，课程有一定难度，需要跳一跳才能够得着，老师备课和学生学习有较高要求。而这些标准与我设计的数学课的价值取向和立意诉求完全一致，因此就将高等教育的新词“金课”借用到基础教育中来。我心中理想的课就是“金课”。如果要用比较符合小学生年龄特征的话语来描述，“金课”也是让学生在课堂上能像金子一样发光的课，让知识萌芽，让思维展现，让能力滋养，让儿童成长。

五、坚持学生为本

理想的数学教学坚持“学生为本”，那就是要选择适合学生的内容与方式，让不同的学生得到不同发展。“以生为本”“以学定教”毋庸置疑，但也许大多数时候只是经验介绍时的托词，而不是日常教学的真实写照，“关起教室门，老师说了算”是常态。追求学生为本的教学，学习的内容要选择适合学生的。处在信息时代的今天，获得海量的题库已变得轻而易举，但是作为课程的内容不是简单堆砌，也不是零散“拼盘”，而是需要有序构建，使之有机地成为整体的“金字塔”。题目的多与少不意味着学生收获的多与少，多不意味着好，重要的是教师对知识的理解，对学情的分析，为学生构建知识学习的理想序列。从内容上来说，有时我们总是期待让学习“有意义”，而忽略让学习“有意思”，但事实证明，有时只有学习“有意思”，学生才会体会到“有意义”。正如学生只有“好学”了才能“学好”一样。追求学生为本的教学，学习的方式应该选择适合学生的。杰罗姆·布鲁纳认为，教学论应该考虑三个方面：人的天性、知识的本质和获得知识的过程的性质。对于小学生来说，什么又是孩子的天性呢？一个字：“玩”。那么能不能让数学学习好玩起来，一直是小学数学教学的焦点问题。怎样的学习方式学习效果好呢？学习金字塔理论告诉了我们两周后各种学习方式的保持率，“听讲 5%，小组讨论 50%，教会别人怎么说或者马上应用高达 90%”，显然对于小学生学习来说，需要组织他们合作交流。没有人否认小组合作是重要的，但有时就是合作不起来。只有合适的内容才会驱动学生选择合作，没有规则，合作只是一种形式。我基于多年教学实践总结了适合小组合作的数学内容标准：从过程看，问题可能存在多种方法；从结果看，问题有多种不同答案；从任务的复杂性来看，一个人可能来不及解答，只能关注合作；有些问题会解答，但不一定方便表达，需要增强表达能力的培养；有多项同类任务，单个看都不难，但需要更多机会引导学生参与。学会独立思考、学会与人合作是未来公民不可或缺的一种能力。

最应该以“学生为本”的是评价。如何为学生建立一个绿色的数学质量评价标准，以此来衡量学生在数学学业上取得的进步，是一个迫切而重要的课题。近几年，我所在的研究团队正在进行大规模的数学能力监测工作，等有了足够的数据，将研制出“学生数学水平评价标准”，可以具体到某一个知识点或某一种技能学生是否达到了标准，能精准描述学生在群体中处于一个怎样的相对水平，对于个体来说，到底哪些方面是优势，哪些方面是薄弱的，给予明确的绝对评价。有了质量标准，我们就更能科学地描述学生学业的增长，更能刻画学生在学习上取得的进步，更能发挥评价的改进作用了。

只有承认差异，才能面对差异，发展差异。以学生为本的教学，就是尊重学生个性的教学，即使是在班集体中，能否实现不同的人学习不同的数学；即使是在解决同一个问题，能否实现不同的人得到不同的发展。教育的公平不是让每一个人成为一样的，而是应该让每一个人变得不一样。

六、坚持能力为重

人们常说：“把所学的东西都忘了，剩下的就是教育。”类比到数学教育中，如果学生把所学的数学知识都忘了，剩下的又是什么呢？是思维能力的发展。没有人否认“能力”为重，就像我们平时朴素地说“让孩子聪明起来”，但是怎么才能培养学生的能力呢？需要落实在每一节普通的课堂上，落实在每一个孩子的身上，才能成为现实。

理想的数学教学应该坚持“能力为本”。《国家中长期教育改革与发展规划纲要（2010—2020年）》提出四个坚持，其中一个就是“坚持能力为重”，这是国家教育改革的方向，也是数学教学与研究的重点。

如今，“能力”随着教学的改革内涵也在发生着变化。从我们数学教育传统的三大能力（运算能力、空间想象能力和逻辑推理能力），进而演化为《义务教育数学课程标准（2011年版）》中的“十个核心词”（数感、符号意识、空间观念、几何直观、数据分析观念、运算能力、推理能力、模型思想、应用意识和创新意识），再到《义务教育数学课程标准（2022年版）》中所说的“三会”核心素养：会用数学的眼光观察现实世界、会用数学的思维思考现实世界、会用数学的语言表达现实世界。其实都是一个主旨，不能总是依靠题海战术，只有依靠素养为纲、知识为目，才能纲举目张、轻负高质。

站在国际视野下，国际学生评估项目（PISA）又为我们提供了数学素养的多种成分与水平。然而，无论如何，每一种核心素养都需要深入细化，进行务实可操作的实践与研究。能力的培养不能停留在观念上，而是需要落实在具体的内容上。记得20世纪80年代，《新思维数学》教材主编张天孝与中央教科所赵裕春教授合作的我国小学生数学能力测查研究，提出了培养学生空间观念的四个基本内容：图形的认识、图形的测量、图形的运动变换和图形的方位。他们还提出了十个专项训练维度：图形的转换、图形的分解、图形的组合、图形的辨认、图形的概括、图形的推理、图形计数、多连块拼图、找隐蔽图形、图形的展开和折叠。每一个方面又都表现在具体的一个个小问题上，落实在日常的课堂教学中，依托在具体的内容中，学生发展空间观念才成为可能，其他能力亦如此。

近年来，随着数学课程改革的深入，我们所熟悉的能力也在内涵和外延上发生着变化，“运算能力”淡出了我们的视线，是为了规避那些繁难偏旧的、复杂的计算，如今，作为核心的素养“重提”了，但是“重提”绝不是“回到从前”。新时期，在现代信息技术飞跃发展的背景下，运算能力需要用发展的眼光来定义。与此相关的还有“应用问题”，当年“把应用题改成解决问题”时，我撰文呼吁“把应用题改为解决问题，解决问题了吗”；如今“把解决问题又改成问题解决”，我们是否依然需要呼吁“把解决问题改成问题解决，问题解决了吗”，名称改变，教学就改变了吗？我们需要理性地“从应用题到问题解决的变与不变”中，揭示变化中扬弃、传承与创新的分别是什么。如今，在《义务教育数学课程标准（2011 年版）》中，有了新的主题“数量关系”，虽说这不是应用题的回归，但的确给我们启示：传统不意味着落后，新颖也不一定预示成功。许多的改革就像是一个个轮回，但是每到一个新的历史背景下，所对应的内涵和意义是不一样的。

都说教育改革已经进入“深水区”，也许数学教育教学改革也是如此，广大的教师已经不会再满足于“个别概念的重建”或者“某种新理念的引进”，而在于实践层面的行动，“能力为重”应该成为我们数学教学努力的方向。

“坚持能力为重”，对于数学教育来说还意味着什么？一边是要提高教育质量，一边是要降低学生的课业负担，两者是否真的矛盾？国际公认的 PISA 测试，上海代表中国去参加了，成绩很好，可人家还不一定向我们学习，为什么？说我们花的时间太多。看来怎样在课堂上让每一个孩子学习不同的数学，得到适合的发展，实现因材施教，是我们必须面对的课题。不要把“减轻负担”解释为“减轻课内的负担”，现实中课内负担看似轻了，课外的负担更重了；不要把“兴趣”理解为“好看好笑好热闹”，兴趣是遇到了困难与挑战还选择坚持；不要把“科学设计课程难度”简单地理解为“降低课程难度”，一味地降低不是科学的表现，从佐藤学的研究看来，“为班级学习共同体提供有一定难度的问题”是集体学习材料理想的标准；不要把“大众教育”形式化理解为“低水平的教育”，差异是必然的，标准不能总是往下拉，否则创新型人才的培养将是一种空想，数学在这方面有不可替代的作用，作为教师就有不可推卸的责任。不为“精英”，却人人成为“精英”，是芬兰教育成为全球第一的秘密，也是值得我们努力的方向。

那么，我们的现实又是怎样的呢？2010 年，我对某区 2300 多名三年级学生进行了一次计算能力调查，在解决 188×6、824÷4 等一位数乘除三位数的测试中，通过率高达 98.21%，而在解决形如 75+125×3×4 这样的混合运算时，通过率却只有 54.29%。张天孝老师领衔的一项跨越 15 年的大规模调查研究表明，一年级学生在学习 20 以内进位加法之前，解答 36 道算式全对的占 38.99%，做对 30 ～ 35 道的占 40.10%；而当面对“从 1 ～ 9 中选数填空，使□+□+□=□+□。每个□只能填入一个数字”时，一个有 8 种不同方法的开放题，一种方法也做不出的学生占 15.1%，找出一种方法的占 20.5%，找出两种方法以内的占 50%。

……

数据告诉我们：对于学生来说，那些基本的、机械的、按照程序进行的“低层次的技能”已经达到了比较高的水平，而对于“合理灵活计算、多种方法解题”等“高层次的能力”还处于比较低的水平。然而，反观我们的教学，还是习惯性地在“低水平的技能上进行高频训练”，在“高水平的能力上却是低频发展”。呈现这些数据，无意表达“低层次的技能”是不重要的，“高层次的能力”才重要，只是提醒“低水平太高频，降低一点，高水平太低频，提高一点”。我们很多时候都用“努力”来描述自己的工作状态，如果有人流露出“有时努力并没有价值”，我们一定会为之气愤。然而，心平气和想想，只有找对了使劲的方向，努力才会变成促进孩子向上生长、向好发展的力量。

我们可以坦率承认“再高层次水平的数学学习”都离不开做题，关键是做怎样的题。在信息时代，决定着学生数学素养的，一定已不再是题的数量而是质量，衡量一个学生的获得也不再是题目的多少而是思维能力的发展。有的人做的题很多但都徘徊在低层次的水平上，有的人做的题不多却活跃在高层次的水平上。有的题做了，即使再多，增加的也只是技能的短时熟练；有的题做了，尽管不多，增长的却是思维的长时发展。做得多不意味着收获多，做得少并不意味着收获少。相反，有时多却是少，少却是多。

万变不如其宗，“宗”便是学科的核心素养。《义务教育数学课程标准（2022年版）》提出素养导向的课程目标，为我们的教学指明了方向。不管我们教学什么，布置学生做什么，都应该有整体的对应，明确我们在发展学生的什么素养。顾泠沅教授结合数十年的实践研究对布鲁姆的教学目标分类进行了批判性建设，把认知目标及其对应能力表现水平描述为操作、了解、领会、探究四类目标，还给出了亚类的具体描述，对我们的教学有直接的指导价值。

首先，各个版本的教材里设计了富有层次的数学问题，为教学提供直接的参照，作为一线教师首先要用好用足教材上的资源。其次，我们还要彼此分享，把散落在各自文件夹里的宝贝题都贡献出来，按照一定的顺序和体例存储，形成共建共享的课程资源库。另外，我们还要在理论的指引下学会原创，基于学情编出发展学生高层次数学能力的好题来。对于高层次水平的问题，难免有点难度，不可避免有学生做不对，但绝不能因为可能“做不对”而“不做”，做题的价值不一定在于完好的结果上，也在不完美的过程中。如果您真的承认不同的人在数学上可以有不同的发展，那么就请悦纳有的人对于有的题是可以做不对的。

只有把远大的理想落实在一个个微小的课堂上，才能切实提高学生的素养，培养创新人才才有希望。都说方向对了，就不怕路远，让我们一起坚定“能力为重”的数学教学方向。

王　雄

江苏省扬州中学历史特级教师，正高级教师，江苏省首批人民教育家培养工程学员，扬州大学教育硕士导师。曾任“国培计划”专家，全国历史教师教育专业委员会副理事长，21 世纪教育研究院副院长。出版《创造性与综合能力培养》《中学历史教育心理学》《王雄的中学历史教学主张》《青春期孩子的心事》《基于核心素养的高中统整课程研究》（第二主编），以及“影响孩子一生的哲学阅读”丛书（54 本原创童话）等，参与发起“阿福童”儿童理财、“小画眉”苗族生活识字、“故事田”乡村儿童哲学阅读等多个影响全国的公益项目。

寻求突破与建构的教学智慧

1985年8月，我入职江苏省扬州中学，成为一名中学历史教师。那一年，我20岁。10年后，我已经送走两届高三，并在《中学历史教学参考》发表第一篇历史教学论文《历史的理解与理解历史——历史教学培养学生历史思维能力试探》，从此开始了追求理解的历史教学历程。2005年，我被评为江苏省历史特级教师后，教学中的困惑不是变少了，而是越来越多了。

一、困境中的思考

2009年8月，为了给扬州市小学教师进行公益培训，我参考了陈向明教授的《在参与中学习与行动——参与式方法培训指南》，开始采用参与式方法培训教学技能。同年9月，我在高中历史教学中也尝试这种新方法。两个月以后，我就开始质疑一直采用的讲授法，感觉讲授法虽然不可或缺，但是这种以讲授为主的方法难以发展学生的能力，也难以培养情感、态度及价值观，这与新课程改革的目标相去甚远。参与式教学注重体验，让学生主动学习，能够更深入地理解历史知识与观念。同时，参与式教学看重的是行为目标，而不是知识（事实性知识或概念性知识），因此，能够更好地实现新课程目标。可是，参与式教学需要更多时间，目前新教材所涉及的内容太多，班级人数大多超过50人，很难采用这种方式教学，讲授式教学依然是现实必然的需要。

美国教育学者格兰特·威金斯（Grant Wiggins）和杰伊·麦克泰格（Jay McTighe）在《追求理解的教学设计》中指出：聚焦活动的教学和聚焦讲授的教学都没有恰当地回答有效学习的核心问题。他们跳出了一般教学设计关注的基本问题，把“理解”的核心指向能否在新情境或挑战中迁移自己所学的知识。这是教学或学习的关键问题。

2011年初，我去扬州市一所打工子弟学校——邗沟中学为教师做参与式培训。春节后，刘霞校长说，老师们更想看看你怎么上课，我就答应下来。她介绍说，学生们在为人做事方面很不错，就是成绩与周边的学校不好比，有不少学生小学成绩都没过关。八年级只有两个班，生源更不行，即将上课的八（1）班有30人，他们基本上不太会回答问题，对教材的内容也很难理解。经过与校长的沟通，我们确定在5月17日下午去上课。我比较担忧的倒不是学生的水平，我所担心的是教学时间，因为与学生不熟，要建立师生互动的学习气氛，这就需要一些时间，最后商定上课用一个小时。然而，我该用哪种方式呢？参与式，害怕他们难以理解课本知识；讲授式，本来就跟老师们说过这种方式有很多不足。于是，我利用这个机会对参与式教学在历史课程中的应用又做了深入思考，现在回顾当时的思考依然有着重要价值。

二、以学生为中心

“以学生为中心”是什么意思呢？它遵奉每一个人都能发现自己的潜能，每一个人都能改变自己的命运。这里的“学生”是“每一个学生”，而在我们的教育当中，把所有的“每一个”变成“一个整体”，这个时候我们的教育常常是对着整体讲而不是对着个体讲。教师管理课堂有一个很重要的办法，就是用整体压制个体，比如“别人都在听讲，你在干什么”，背后的价值取向是倾向整体的。因此，那些不听话的、有自己想法的少数学生大多会被多数人鄙视，独立思考在这样的课堂中被潜移默化地湮没了。

对学生个体的忽略甚至鄙视在课堂上屡见不鲜。邓正来在阐释哈耶克（Hayek）的思想时指出，“集体主义”经由将一般性的“理性”观念和“意志”观念偷偷转换成特定的“群体心智”“集体意志”或“主体者意志”这种方式，不仅赋予了那些概念以整体性，甚至还赋予了隐藏在“群体心智”“集体意志“或“主权者意志”背后的某个特定个人意志以正当性。说得直白一点儿，就是教师常常用班级学生的整体性压服学生个人，在不经意间维护的是自己的权威，让自己的行为更显得正当。这是讲授方式弊端的根源，摆脱的方法自然是尊重每一个学生，给每一个学生表达或表现的机会。

尊重“每一个学生”从哪里开始？当然是从鼓励学生发现“自我”开始。我们现在的教育当中很少有“自我”，这与传统文化当中缺失“自我”建构有关。传统农耕文化以家族、宗族为主，个人服从家族或宗族长辈，这就是“孝道”得到重视的原因。现代社会奉行市场经济，个人需要面对市场和社会。不论是在企业还是事业单位，甚至公务员都需要与相关机构签写入职协议，明确自己的权利和义务。因此，个体的价值与传统社会完全不同。我们所说的培养健康人格要从哪里开始？应该从接纳自我、认识自我、探索自我开始，每一个人只有发现自己的优点，发现自己的不足，才能为自己的未来确定好方向。一个有自制力的人，一个有健全人格的人，才能和别人去合作。

新课程强调学生的“情感和态度”，可是并没有找到合适的方法。情感和态度是非常个性化的，它从每个人的感受出发，而不是从理性出发。参与式教学为学生创设各种表达自己情感的机会。这种表达没有对和错，只有学生主体的自我感受和相关的思考。比如在看了有关改革开放的史料或图片之后，印象最深的是什么？这是非常个性化的问题，每个人可以作出自己的选择，并思考自己的理由，有可能连理由也没有，可能完全没有看懂，这也没关系，关键是每个人都有在组内或全班表达的机会，在相互启发中建立与自己经验的联系。

历史烟尘滚滚，早已逝去的人与事与我们几乎没有任何联系。就算史料再多，细节再多，与学生的生命也无关联。但是，感触的那个点，那个引起我们思考，或引起我们兴奋、痛苦、悲哀的图片或场景，是我们通向尘封的历史世界的大门。记得有一次讲解第一次世界大战，让学生看一幅战场画面，几个妇人在尸横遍野的战场辨认自己的儿子或丈夫，一位老妇人站在一具士兵尸体旁，弯着腰，举起双手，虽然看不到她脸，但是我忽然之间似乎就站在她身边，听见她痛苦的哭泣，感受到她作为母亲的悲痛欲绝……我转过身，偷偷拭去眼中的泪水，心中便立下反对人类暴力的志向。这一幕被前排的学生看见，后来他们写在作文中。在这里，人类共有的对生命的珍惜，对逝者的尊重，对悲伤的共情，都集中在那一幅永不消逝的画面中。

以学生为中心，应该尊重的是个体的情感和思想。这不是口号，不是说教，也不是无法兑现的承诺，而是我们作为教师可以去实施的方法。

三、教师是学生探索的促进者

在参与式课堂上，教师应当摒弃说教，放弃讲授。教师的身份只是学生学习的促进者，是学生形成独立思想的助产士。《道德经》有“太上，下知有之……功成事遂，百姓皆谓‘我自然’”。教师看起来就是“太上”，学生不知道他的存在，教师只是创设了一个利于学生自己学习、独立思考、合作互助的氛围和平台，不是掌握真理的权威。学生独立思想形成之后，他们会认为书本、教师都不是权威，这是我自己努力的结果。“教是为了不教”在这里能够得到真正实现。

作为促进者的教师需要关注每一个学生，需要尽可能为学生创设表达的机会。但是，最难做的是学生说错了，教师不要直接说出来，而是鼓励他通过反思或者同伴讨论来自己更正。对于那些不善于表达的学生，教师需要等待，也需要在等待的同时给予指导。对于那些总是能够回答正确或者表现颇佳的学生，教师需要的是鼓励他们去帮助同组的学生。作为促进者的教师需要密切关注不同小组的优劣，及时调整自己所站的位置，以及适当给予弱势群体更多的机会和指导。因此，参与式教学本身就是在微观层面解决教育均衡问题的一种方式，教师永远站在台下，做学习的鼓励者、提问者、回应者、指导者和提示者。如此，学生才能真正在课堂上成为学习的主人。

“参与”看起来很普通，实际上它首先是一种理念，强调的是所有相关人员对相关事件的介入，包括决策、规划、实施、质疑、管理、评估、监测，等等。参与不是普通的教学理念，而是一种价值观，是一种对行动的执着，对行动者的尊重。参与还是一个过程，一个学生在此过程中自尊、自信和自主的行动都会大为增强。参与者还必须组成合作团队，其沟通、协调、合作的能力也得以锻炼。在新课程中，参与可以唤醒学生的主体意识、权利意识和民主意识，培养现代公民的责任感和合作精神，增进学生的国家认同和政治认同，因而，参与式教学是现代教育必然的方式。

四、体验所需要的多样化教学方式

马克斯·范梅南在《生活体验研究——人文科学视野中的教育学》中引用德国学者狄尔泰的话说：“正像我们的身体需要呼吸一样，精神也需要在情感生活的回应中实现并扩展其存在。”他进一步指出，生活体验如同意义的呼吸，在生命之流中，精神“吐纳”着意义。历史教育属于人文学科的教育，其意义在于增进学生精神世界的丰富与价值理念的完善。

精神世界中，价值理念或价值观是核心，其中包含知识、能力、情感、态度与观念。比如市场经济中的买卖双方是平等的，这是一个价值观念。如果让学生记忆，他们虽然能记住，考试也能答出来，但是并不一定能真正理解。只有到菜市场买菜，再卖几次菜，最好遇到一些纠纷，才会有深刻的体验。如果没有生活体验，“买卖公平”对学生来说只是一个文字符号。但是，学生不可能都去体验各种知识，以获得直接经验。在教学环境中，模仿真实情境的间接经验就显得尤为重要，这为学生参与提供了更多机会。

参与式教学有多种教学方式，澄清谈话法、小组讨论、手工、绘画、游戏、合作探究、影像剧场、冥想、竞赛、反思、简报，等等。因为学生个体的多样性和学习的复杂性，教师需要采用多种方法并调动学生的多种智能，才能为其体验和探索打下基础。

教师有了基本的讲解技能后，需要掌握目标定位、设计、观察、评估、指导、平衡、质疑、分享、调控等具体的技能。因此，参与式教学非常有趣，它为学生搭建交流的平台，让学生有了直接体验的机会，帮助他们积累经验，并从经验中学习。

尽管参与式方法多种多样，但是参与式方法倡导在“做中学”，也就是教师应该教学生敢于尝试，敢于表现。要做到这一点，需要教师从一些每个人都能参与的游戏开始。这些游戏可能只是为了让学生放松心情，为后面的深入讨论或者表达奠定情感的基础；也可能其中深藏着一种意义，让学生通过反思来深入体会或探索相关问题。前一种游戏常常称为“破冰游戏”，其理论基础来源于社会心理学，指的是人与人相处并不那么容易，特别是不太熟的人之间常常有隔阂，就像厚厚的冰一样。游戏就是用活动和交流融化隔阂，帮助腼腆或害羞的人表达自已心中的想法。后一种则是“主题游戏”，顾名思义，其中有一个主题，如社会理解、相互合作、解决冲突等，其内涵较深，加入游戏便于参与者体会特殊的情境，寻求解困的方法。

五、一个参与式的教学案例

《义务教育历史课程标准（2011 年版）》有这样一个内容目标“社会主义现代化建设的新时期”，相关的知识在政治方面是社会主义民主与法治建设，经济方面是社会主义市场经济的建设，可以包含企业制度和就业制度的变化、社会保障制度的建立，以及我国参与亚太经合组织等内容。

我是希望把更深、更广、更有用的知识带给这些学生，并让他们自己探索一些比较深奥的问题。看了一下教材，结合学生的情况，我便确定选择市场经济为突破口，将当代社会需要重视的知识和市场经济的道德、法治融入其中，并将基础知识的学习与体验学习融合起来。

（一）确立学习目标

知识层面。学生已经学过前面的内容，至少知道十一届三中全会、小岗村开始的农村改革。不过，他们究竟对历史和相关经济、政治、社会的知识了解多少已经来不及调查。可以达到的感知目标：现代中国与传统中国的区别，主要基于底层社会；计划经济时代的各类票证、标语等。可以达到的理解目标：市场经济是人们相互之间密切联系的，人们各取所需，互通有无；市场经济中的每个人要为市场作出贡献，才能从市场得到回报，这样可以激发每个人的工作积极性，但在计划经济中，资源的分配是由拥有权力的人控制的，所以，很多人去抢一个好的工作，因为有了好的工作，即使没有为市场作贡献，也能因为有权力而得到回报；正因为市场经济中的每个人都想得到回报，所以有人造假、欺骗，这就需要一套行之有效的法律来约束人们的邪恶之心，同时也要鼓励致富的人们发挥善心，致力于公益，回报社会。此外，还必须有一个能够按照宪政原则执政的政府。因此，民主法治是市场经济的必然。

技能与潜能。虽然听说学生的基础比较薄弱，但是作为教师首先要相信学生的潜力。毕竟是八年级学生，已经具备分析和概括的基本思维能力。当然，我当时也有一些担忧，我已经有十年没有在初中教学，对这些学生真的不熟悉，又因为是开放的课堂，指不定学生们会问什么。可以达到的技能目标：一是通过互动游戏鼓励每个学生积极思考，独立回答问题；二是通过一个食品企业“如何选择原料，如何赢得市场”等问题的讨论，让学生们掌握小组学习的方法，初步学会有条理地思考；三是依据自己的经验和讨论的结果，比较计划经济与市场经济的不同。

情感与态度。最为关键的是这一课的内容与学生的生活关联不大，需要补充丰富的资料和设计各种活动，来帮助学生达成目标：一是在探索经济生活问题的活动中，相信自己，肯定自己；二是敢于表达自己的观点；三是对各种经济问题和负面现象持理性的态度。

价值观。这节课涉及计划经济和市场经济背景中不同的价值取向，学生在这方面比较模糊，这是一个非常难的问题，需要采用与学生生活经验相关的内容来教学。具体目标设计为：一是认同市场经济下每个人为自己努力的同时(只要遵守法律)，也在为社会作出贡献，每个人的价值与尊严是市场经济必须维护的，否则每个人的努力就会化为泡影；二是否定不劳动只享受、不作贡献只想占据权势的价值观。

行为目标。学生已经做过少量的课堂互动游戏，每个人参与小组学习都已有一定的经验，但是小组学习需要至少三节课的培训和调整，因此，实施起来还是有一定难度，需要及时引导。

（二）教学准备

使用计算机投影在这样的学校是一种奢侈，因此，我放弃常用的PPT，决定用小组学习的方法，鼓励学生参与，以达成目标。根据目标，我在教材中选择了经济改革、市场经济等部分内容，又准备了三本书，分别是：

1.〔美〕伊佩霞（Patricia Buckley Ebrey）的《剑桥插图中国史》（山东画报出版社，2001 年出版），选用其中第 196 页 20 世纪初农民和手工业者工作的照片、第 214 页 20 世纪中期城市街头贫民工作的照片、第 247 页有关邓小平改革的内容。

2. 陈桂棣和春桃的《小岗村的故事》（华文出版社，2009 年出版），选用其中第 42 页现已存于中国革命博物馆的“村民按手印”照片，另有第 43 页的一小段文字。

3. 许善斌的《证照中国：1966—1976》（新华出版社，2009 年出版），选用第 91 页干部的面票、粮票，第 99 页的肥皂票，第 101 页的白薯票。

小组学习和互动游戏需要的教具有：五盒彩色包装的牛皮糖、印有牛皮糖各种原料标号的全国地图、一大卷线绳、一张单面胶的贴纸、一大张彩色粉化纸、每人一张 A4 白纸、一张用于总结知识的表格。

小组学习的条件：课桌分五组摆放，椅子以 U 形摆放，开口对着讲台，因为在大教室上课，就没有考虑用黑板。这样学生们就会将注意力集中在我的讲解上，我也会更加关注学生们怎么写、怎么想。

（三）教学评价的要求

（1）通过观察与提问，了解学生的实际情况是否符合学情分析。

（2）要求小组必须轮换发言人，让更多的学生参与。

（3）在教学程序的第一至第四阶段，以鼓励学生为主，从第五阶段开始要求发言人必须声音响亮，有自信。

(4) 对于组内能力较强的学生在进入第五阶段时，鼓励他在讨论中做促进者，帮助弱势的学生发言。

(5) 不断评估预设问题的难度，以调整教学程序和方法。

（四）丰富多彩的教学过程

(1) 导入。自我介绍后，我说："今天由我来给大家上一堂历史课，我们打开书看看课本上的标题是什么？"学生打开书，我走到临近的一个学生面前，看着他的书说："课题是"迈向社会主义的现代化"，这个词比较难懂，什么是迈向社会主义的现代化呢？就是指中国从传统社会向现代社会转变。传统的社会是什么样的？与现代社会有什么不同？应该说有很多不一样。传统是一个以农业为主的社会，现代社会是以工业化、市场经济为主的社会。我们今天就已经是现代社会了，但是，如果回到30年前，传统社会的特征还很明显。我带了本书来，请大家看看传统社会的照片。"

(2) 铺垫。出示历史照片，给学生直观感受。让学生解读书中的历史照片：第一组是20世纪农民凭自己的力气耕地，背着重物的挑夫，作坊里纺线的妇女，正在工作的木工。第二组是20世纪中期上海老太太缝衣服的图片等，感受传统正在变化，农民开始进入城市打工。20世纪由传统向现代过渡最快的时期是改革开放以后。今天的社会发展与传统的社会差异太大，为什么会出现这些区别？继续让学生解读教材中的三段内容：十一届三中全会后，工作重心从阶级斗争转移到经济建设上。引用《剑桥插图中国史》第247页的一段描写邓小平的语句：

邓小平认为，"文化大革命"时期所奉行的"宁要社会主义的草，不要资本主义的苗"的提法是荒谬的，坚持代之以"贫穷不是社会主义"的论点。

对上述内容略作解释后，说明中国由此开始摆脱传统社会，向现代社会迅速转变。

十一届三中全会之前，安徽农民也在想办法突破旧体制。我拿出第二本书《小岗村的故事》，请临近的女生读了一下书名。我问："小岗村的故事知道吗？"学生们回答："知道。""是什么呢？"居然有一个男生举手，很不错，我心里掠过一丝喜悦，请他回答。他说："小岗村村长和村里的农民，他们自己把田分下去了。"我问："那个村长叫什么？"没人知道。我说那个村长叫严宏昌。接着请大家看"村民按手印"的照片，然后问他们班谁读得比较好，就请他读小岗村的故事：

当时，严宏昌和小岗人都不可能知道，一个伟大的改革开放的新时代正向他们走来了。尽管，"改革开放"这个词汇，要一个月后他们才会在中国共产党第十一届三中全会的公报上看到。他们更没有意识到，他们的这种破釜沉舟、义无反顾，是在"改革"，他们只是不愿再像过去那样生活了。

他们只是为了不再去流浪。

他们只是为了不再去乞讨。

他们只是为了不再被饿死。

读完，我问："他们为什么要冒着坐牢的危险分田到户？为什么？为什么？"

大家说："为了生存。"

这个回答我非常满意，说明这些孩子真的很不错。其实，只要按照自己的感受和思考回答就行了，不需要猜测教师需要什么答案。

我接着说："农民为了生存开出了一条路，除了分田到户，解决了粮食问题，吃饭有了保障之外，农民们又种树、养鱼、放羊，生产了大量农副产品，市场变得活跃起来。注意了，过去的毛泽东时代是一个计划经济的时代，计划经济是什么意思呢？是指几乎所有社会生产的产品都是由中央计划的。我们来看第三本书。”

学生看图：东方红牌洗衣粉、工农兵牌菜刀、人们买东西用各种票券（粮票、肥皂票、白薯票）等。学生远离那个时代，无直观感受，通过读图能对计划经济时代形成一定的感受。那么，市场经济的社会与计划经济的社会有哪些不同呢？

(3) 互动学习。先设置情境：发给每个小组一盒牛皮糖，让学生观看牛皮糖的生产过程，讨论牛皮糖由哪些原料构成？学生们非常踊跃地讨论牛皮糖生产所需的各种原料：芝麻、面粉、蔗糖等；各种原料产地：山东、河南、东北等，并标到中国地图上。

小组讨论：如果你是牛皮糖生产商，你会选择什么样的原料？为什么？学生得出结论，每个组派一个同学发言，别的同学补充。经过讨论，他们认为要购买质量好、价格便宜、运输费用低的原料，才能赚更多的钱。请各组完成第一个问题的答案：如果你是牛皮糖生产商，你会选择什么样的原料？按照顺序列出序号，再填写。

(4) 互动游戏。做游戏是参与式教学重要的方式之一。精心设计的游戏为每位参与者提供表达和参与的机会，并能营造快乐轻松的氛围，其目的在于打破人与人之间不能坦诚沟通的坚冰，使参与学习的人相互之间增加亲密感，形成伙伴关系。

第一，抛线球。同学们离开座位，围成一个大圈。我先抛出线球，并说：“我是扬州人，扬州的特产是牛皮糖。”每位同学接到线球后，也说出自己家乡在哪里，并说一个家乡特产。然后，捏紧线的一端，再抛给其他同学。当每个学生都接到线球后，一个复杂的网就织成了。

第二，提出问题：这张网是什么？或者像什么？学生回答：交通线、道路、各种原料汇聚到厂家的商路，等等。学生能直观地感受到市场经济下人们之间密切的联系，这种联系的网络非常复杂，市场将人们紧紧联系在一起。

第三，提出问题：每个人都想一想，如果你是一个厂长，你想生产什么？产品销往哪些地方？学生有的说服装厂，有的说玩具厂、汽车厂、电子产品厂……一个男生说食品厂，我就问："你生产什么食品？"他说："绿豆糕。"我接着问："你生产的绿豆糕卫生吗？"再问大家："他生产的绿豆糕不卫生怎么办？"由此引出市场经济下的产品质量问题。

（5）核心讨论。实际上，前面的讨论与活动都是为这个阶段服务的，旨在将学生的生活与学习内容联系起来，并为他们建立新的经验，然后继续进行深入的分组讨论。

第一，"如果你是厂长，你的产品怎样才能受欢迎？"学生们讨论得很热烈，这一轮回答也很顺利，结论是：产品要保质保量，让市场认可。

第二，"生产牛皮糖的厂长和工人是为了自己吃牛皮糖而进行生产的吗？"学生回答："不是。"我再问："那是为什么呢？"学生："是为了赚钱。""为了养活自己。"

第三，我作进一步阐释：我们以前的小农经济以家庭为生产单位，自给自足，与市场关系不密切。现代社会是市场经济，我们身边的每一样物品，身上穿的衣服，教室里的桌椅、电灯，等等，都像刚才你们吃掉的牛皮糖，需要用各地的原料才能生产出来。在现代市场经济的社会，每个人都要为市场作贡献，才能有所得。但是，计划经济不是这样，所有的物品是由一个权力部门制订计划，然后工厂的工人、农村的农民都要按照计划去生产，生产出来以后，又由权力部门去分配。现在假设你们每个组都是国家计划委员会，你们能够为这个社会制订详细的计划吗？比如要生产多少种糖果？数量是多少？生产多少种衣服？需要多少衣服？制订只是第一步，还要分配，怎样分配呢？那些票券就是用来分配的。

学生们进一步讨论后，知道到了计划的复杂性，由此引入下一个问题：计划经济时代与市场经济时代的厂长怎样经营工厂？学生很容易就答出来，计划经济下的厂长只要完成计划就行了，而市场经济下的厂长需要仔细考虑市场的需要，而且还要面对激烈的竞争。

那么，市场经济下激烈的竞争会导致什么不好的后果呢？学生回答：制造假冒伪劣产品，生产不好的食品……那么应该怎么办呢？由此引出民主与法治的重要性。最后，让每个组讨论“计划经济与市场经济有哪些不同”，没有标准答案，只要回顾前面的学习，并在小组里充分讨论就行。最后请一位代表发言，这位代表不能是前面已经发过言的。

(6) 当堂练习。这节课，我们讨论了很多问题，不过，有一些基本史实需要我们掌握，请大家根据课本，完成本课相关知识点的表格。然后，请两个同学回答。学生很容易完成了表格中重要时间、事件和历史意义的填写。这说明参与式学习并不会阻碍学生对知识的掌握。

(7) 课堂所得。最后，我给大家发了贴纸，并对学生们说：“我们今天从看传统社会的照片开始，之后到小岗村的故事，再到探讨计划经济与市场经济的不同，那么，你在这节课学到了什么？今天你印象最深的是什么？你怎么想就怎么写，写好后贴在这张大纸上。”学生们很快在贴纸上写起来。教室里这一会儿很安静，我一边在学生之间走着，一边感受这些孩子的单纯和可爱。学生的感言很多，选取几个列在下面：

李敏：(1) 市场经济和计划经济相比，哪种对人们生活更有好处？(2) 通过分析牛皮糖的原料成分来源，知道生产原料来自不同的地方，质量好坏不同，成本也不同。(3) 通过游戏知道市场是一张大网，全国经济都建立在一张大网上。

孙桥：我印象最深的是做游戏，这个游戏把我们的老家和老家的特产以扔球的方式来表现，太有意思了。它还让我知道了做生意的方法和路线，还有食品的安全性和质量保证。

陈龙菁：（1）我们选择原料的标准。（2）当今社会上，什么样的产品受到青睐。（3）市场经济与计划经济的区别。（4）印象最深的是“织网”，那样感觉看起来比较清楚销售流程以及从古到今发生的变化。

封敏：（1）改革开放以来中国发生的变化。（2）生产一种产品需要很多种原料，它们来自五湖四海。（3）市场经济和计划经济的不同。（4）改革开放以来通过重要会议确定了一些大事情。（5）产品怎样才能受到大众的喜爱。（6）要保证产品的安全和质量需要怎样做。

（五）简短的思考与展望

这节课运用了很多学习方式，学生一直在轻松而热烈的氛围中学习。从学生的反馈可以看到目标达成的情况，学生的收获比较丰富，远远超出我的预料，这也说明，参与式教学更适合学困生。

传统的历史课是以讲解、讲述为主，新课程的课堂强调学生是学习的主人，如果没有他们的参与，很难达成理解历史的目标。但是，历史是过往的烟云，历史知识与学生的生活经验相差甚远。只有创设符合学生经验的历史情境，让他们寻找自己的感受，从而产生移情和神入，来理解已经消失的世界。与此同时，他们可以建构一个新的精神世界，这个精神世界并不是虚构的。在这个真实的世界中，他们体验到同伴的情感与个性，体验到相互支持的喜悦，体验到发现新知的快乐，更重要的是，他们逐步理解了竞争、平等与法治等价值观念在市场经济社会中的重要性，这将为他们未来的生存提供坚实的支持。我期望有更多的教师掌握参与式的教学方法，这样就会在每天清晨走进学校时有不一样的心情。不论是阳光明媚，还是细雨绵绵，我们都会对自己说：“打开生命之门的钥匙就在我自己的手里面，让我的课堂充满生命的光彩吧！”

吴海霞

南京师范大学硕士生导师，华东师范大学 2019 级教育博士，江苏省高中化学特级教师，江苏省中小学正高级教师，江苏省 333 高层次人才工程培养对象，江苏省教育学会化学专业委员会第五、第六届理事，新教育中学化学学科阅读书目负责人。曾经担任江苏省东台中学副校长、南京市雨花台区教师发展中心副校长、南京市雨花台中学副校长，现在江苏第二师范学院生化学院工作，从事化学教学论教学和实验教学工作，研究方向为化学教学论课程与教学研究、化学教师发展研究。主要科研成果有：在省级以上专业刊物上发表文章 50 多篇，其中近 10 篇发表在核心刊物上，主持完成三项省级教育科研和基地项目，目前正在主持一项江苏省教育规划课题、两项南京市课题、一项江苏第二师范学院校级研究课题。

教海逐浪中做个优秀的“水手”

常言道，学海无涯。其实，作为一名教育工作者，我觉得教海亦无涯。无论是教育理念的不断迭代，个人教学风格的逐渐形成，还是教学艺术的日臻完美，都值得每个教师在这片辽阔的海域终身探寻。回顾自己大学毕业之后的工作、学习历程，一路走来，心中感慨颇多。

一、启航，初展征帆尖角露

1992 年，我从苏州大学化学系本科毕业，先后在江苏省东台市城北中学、第三中学任教，1998 年作为优秀青年教师代表被选拔到江苏省东台中学任教至 2016 年暑假。

小孩子蹒跚学步时总需要大人的搀扶，同样，一个年轻教师当他从象牙塔踏上三尺讲台后，如果能得到别人的扶持、引领乃至鼓励，相信他会成长得更快。我是幸运的，记得刚到江苏省东台中学时，为了让我尽快适应重点中学的教育教学工作，学校安排我教高一三个班的化学课并担任一个班的班主任。在

“青蓝工程”活动中，我分别在教学、班主任管理两方面和富有教学经验、责任心强、学术水平较高的老教师结对挂钩成师徒。高一的课务相对高三少得多，这样我能有更多的机会去向师父们学习，有更多的时间去研究教材、教法和接触学生。师徒挂钩结对三年一个周期，三年的时间我听了近一千节课，每次听完课后都认真整理并进行二次备课。课堂教学的质量和效率学生评价比较高，所教学生成绩和班级管理都领先于同年级其他班级，2001年所带高二（4）班被东台团市委表彰为“先进基层团组织”。

2002年，我担任了三年班主任的高三（4）班高考成绩名列全校第一，4名学生达到清华、北大录取分数线，17名学生达600分以上高分段。如此出色的成绩在全校和全市引起很大震撼。要知道这一届学生是按照中考成绩平均分配到12个班后，由12个班主任抓阄，教师也是按实绩均衡配备到各个班，但是三年下来各班的高考成绩相差甚大，有几个班只有2～3名学生达到600分以上。后来，家长们都盼望自己的孩子能分到我当班主任的班级。

那么，我是怎么当班主任的呢？

每接手一个班级，我都认真地、科学地进行分析，摸准班情，把握学情，有的放矢。

2002年的暑假，江苏省将实施了仅一年的“3门（语数英）+6门大综合（物化生政史地）”的高考方案，调整为“3门（语数英）+2门（物化、物生、生化、政史等）”。学校为了应对新高考模式，在我刚送走了一届高三之后，随即安排我担任高二“生化组合”班的班主任。

新高二依据学生志愿和高一期中、期末四次重要考试成绩进行各种组合的分班。生化组合班的学生成绩远低于物化、政史两大组合，也不及物生组合。我接手的高二（12）生化班是个由学校调皮生、挂科生扎堆而成的班级，学生情况比我历届带过的学生差很多。面对新情况、新问题，怎么办？经过几夜的深思熟虑，我对这个班的学生采取了冷静观察、逐个谈心、重点突破、整体推进的策略。

冷静观察。这大约花了一周的时间，我利用一切可能的时间细致观察学生的表现，包括学生在课堂上的自律度、投入度、参与度，在课后活动时的活跃度、兴趣度，早读、晚自习的效率效果等，将每个人的情况特点摸清楚，整理成个性化的小档案。

逐个谈心。根据观察获得第一手资料，找学生逐一谈心，抓闪光点以表扬鼓励为主，指出不足适度批评鞭策，再结合考试成绩，提出个性化要求，帮助学生制定近期、中期和长期目标，列出整改措施或行动计划。如此，做到这个班的学生人手一份私人成长计划表，我实时跟进督促。

重点突破。对班级中特别散漫但影响很大的学生，重点进行教育感化，注意从细节上关心、表扬，实践证明这种严慈相济的做法效果很好。该班有个学生，租住在校外，不仅是个迟到专业户，还喜欢在课上睡觉，同学们都喊他“寄生虫”。此学生的体育成绩特别好，特别是篮球打得非常棒，在全校的知名度很高。为了帮助他改掉身上的毛病，我让他担任班级的领操领跑员，充分发挥他的体育特长和优势，并坚持每周周一至周六在早晨六点十分前到他的住处，叫醒他，给他准备好早饭，陪伴着他，一起走进校园。如此，该学生不仅改掉了迟到、课上睡觉的毛病，成绩也进步很大，成为班级的先进分子。他还主动担任我的小助手，帮助其他有不良行为的同学改正缺点。不到半学期的时间，这个班级的面貌焕然一新，班风正、学风浓、凝聚力强，好几门学科成绩赶超物化组合，成为当时全年级的模范班级。

整体推进。在这个班的班级管理中，我坚持以民主的态度与学生进行情感交流。班内的一切活动都立足于挖掘学生的内在潜能，充分调动学生的主动性和积极性，放手让学生在班级管理中担任主角，施展才华，努力让学生从“要我做”变成“我要做”，真正成为班级管理和各项活动中的主人，促进班集体形成团结向上的良好氛围；注重通过开展灵活多样的评价活动，抓住每一个同学身上的闪光点，进行表扬鼓励，让他们感到“我能行”，不断向新的目标前进。

在当班主任的十多年时间里，我体会最深的就是要尊重学生，不仅不能“体罚”学生，也不能“心罚”学生。比如，采取请学生坐下来谈话、请迟到的学生安静地走进教室等方法，使学生在课堂上“心情特别放松，思维也活跃多了”；注意保护学生的隐私或秘密。著名教育专家孙云晓强调，当代教师要学会尊重学生的秘密，让他们有一片自己的“野地”，给他们一个自由的成长空间。了解学生并不等于要掌握学生的全部秘密，而是要知道他们的性格特点和行为方式。否则，学生就会产生一种不被信任的感觉，会对教育产生抵触情绪。对个体来说，秘密往往与责任紧密相连，并且要独立承担责任。从这个意义上讲，没有秘密的“水晶人”是永远长不大的，有远见的教师应当允许学生有自己的秘密。

2002 年，因为工作成绩突出，我被表彰为江苏省青少年科技教育先进个人、东台市“巾帼建功”先进个人。虽然表彰的层次不算高，但让我在走上讲台的第十个年头初步品尝到了奋斗和成功的喜悦，在心里鼓起了续航的风帆。

二、续航，在职读研添动能

进入 21 世纪，江苏省更加重视各级教师的能力和素质建设。盐城市启动实施了打造名校、名校长、名师的“三名工程”，东台市委出台了“211 人才”培养工程实施意见，东台中学制订了教师专业发展规划的行动计划，要求每一位教师依据个人发展目标，通过结对帮扶、团队互助、个人进修等措施，发现自己的优势与不足，扬长补短地提高自己的综合素质。时任东台中学校长的王兆平经常说，打铁先得自身硬。学校的校级班子成员一个个争做榜样，承担一线教学任务、开放公开课、撰写教学论文、开展课题研究、开设各类讲座，很积极，很认真，很精彩，其中有三人在 2002 年被评为江苏省特级教师。他们的率先垂范对全校教师专业成长的促进作用是巨大的，学校的教育教学研究氛围越来越浓厚。一直要求上进的我身处这种环境，很受感染和鼓舞，心里萌生并坚定了一个追求：要努力成为一名特级教师！

2002年春天，盐城市颁发了鼓励普通中学教师在职攻读研究生的文件，我得知后，立即向学校提出了申请。学校非常支持，批准我报考南京师范大学的教育硕士。报考意味着要参加全国研究生统考，要复习政治、英语、教育学、心理学和化学学科专业知识，当时的我正担任着高三（4）班的班主任和高三两个班化学的教学任务，工作负担比较重。白天没有时间复习，我就晚上在小孩熟睡后挑灯夜读，几乎每天都复习到凌晨一两点，第二天早晨五点半不到又赶到学校和学生们一起早读。我的勤奋对学生也有着无形的激励，学生主动学习的劲头更足，班级的凝聚力更强了，师生勤读互动一同备考成为当时学校的一道风景。这也是2002年我的班级高考取得非常优异的成绩的原因之一吧。同年年底，我被南京师范大学录取，成为当时东台中学第一位攻读教育硕士学位的教师。

这是我专业发展的一个重要转折点。自从大学毕业后，十年的时间里，我只是学习和实践着怎样教会学生课本知识、怎样应对高考、怎样提高学科成绩，每天的时间大都是在解题、与同事交流解题思路的过程中度过，不重视也不大会对自己的教学情况进行研究和总结，是一个教书匠的角色，缺乏理性的思考和系统的设计，那种想要成长的情结似乎没有成为一个自觉明晰的提升过程。怎么提升自己？那段时间，我感到很迷茫。能重新回到大学里读研究生这个机会太及时、太重要了！南师大的学习经历对我之后的快速成长起了重要作用。上海洋泾中学校长李海林教授曾写过一篇文章《假如可以重新来过》，他说："如果有条件，我会在自己还年轻时考研究生，攻读硕士和博士学位。为什么？我在自己的教育教学和研究工作中切身地感受到，读过研究生的人（当然是那些读得比较好的人）与没有读过研究生的人比，有两点优势：一是知识结构比较合理。我的知识结构明显是有偏差的，虽然最近这十年我有意识地在查漏补缺，但却付出了比别人多得多的时间与精力。二是更注重研究方法。搞研究，最重要的是研究方法，如果我受过正规的方法论训练，可能就会少犯一些错误，少走一些弯路，自己的研究思路也会更广……”这篇文章深深地触动了我！确实，在南师大三年的学习生涯中，我更新了教育理念，系统掌握了符合时代特点的教育理论，完善了知识结构，学会了科学研究方法，充分认识到当今社会是一个“终身教育”的社会、一个“学习化”的社会，教师不再仅仅是一个知识传授者，更是一个终身学习者；只有不断充电、补充营养，提升教学理念，勤于学习和研究，才能成为知识喷涌的“泉眼”和业务上的“行家”。在南师大学习期间，我先后在《中国德育》《中国教育报》《南京师大学报》等报刊上发表了多篇文章。研究生毕业后，我谢绝了南京一所非常有名的中学抛来的橄榄枝，重新回到东台中学工作。2005 年，硕士学成的我再次明晰了自己的努力目标：东台市学科带头人—盐城市学科带头人—江苏省特级教师。

三、领航，顺风顺水“这一个”

从 2005 年开始，我像一个加速器，进入快速成长期。我认真修炼教学基本功，完善教学设计，积累教学经验，挖掘科研能力，努力实现由教书匠向学者型教师的转变。

修炼基本功。认知心理学家发现，“刻意练习”就是有目的地重复某些类型的表现，如怎样有效地展示教学、评价学生学习等，这对教师成长极为重要。我发现不少教师怕上公开课和参加教学比赛，认为准备一次太辛苦和折磨人了，而我非常珍惜这种来之不易的机会，觉得这是锻炼和提高自己的大好机会。为了准备一节这样的课，我首先精心备好教学案，而教态、普通话、粉笔字、实验技能等的练习，很多时候是自己一个人在空荡荡的教室中对着空气训练的，借班试上时还要应对课堂随时出现的情况。比如：学生讨论出现卡壳如何及时调整，化学实验出现意外情况如何及时补救，等等。这一切不仅需要时间，更需要教师自己付出汗水、用心揣摩。2005 年、2007 年，我在盐城市高三化学教学研讨会上，开过“守恒法在中学化学中的应用”“身边的氧化还原反应”的示范课；2006 年，代表盐城市参加了江苏省高中化学新课程会课活动，所上“生活中两种常见的有机物之一——乙酸”的观摩课得到专家、同行的一致好评，并获得盐城市新课程优秀课例教学一等奖。2007 年，参加中国化学学会专业委员会组织的全国化学教育硕士教学技能大赛，说课、教学设计获省级二等奖。2013 年 6 月，在江苏省“教学新时空　名师课堂”中上了“强电解质和弱电解质（化学反应原理）”的示范课。2013 年 12 月，在江苏省化学特级教师高级研修班上了“化学反应的焓变”的观摩课。2014 年 4 月，执教的“二氧化硅与信息材料”一课在盐城市高中化学优质课评比中获一等奖。正是这样一次又一次的修炼，我的教学基本功一步步厚实，自己也走向从容自如和成熟。

完善教学设计。历经前十年的教学实践，我的知识结构逐渐丰富，对中学化学教材内容也比较熟悉，但教学设计的水平仍有瓶颈，提高不快，难以超越教材。因此，完美的教学设计成为我当时的强烈追求。为此，我多次到扬州大学向吴星教授请教，到盐城师范学院、盐城教科院向师姐杨玉琴、梁雪峰学习。在他们的指导帮助下，我在创设高质量的问题情境方面有了突破，做到“知识问题化、问题情境化、情境生活化”，使教学和课堂的知识点更加贴近学生的生活和能力基础，激发兴趣，激活思维。如我在“二氧化硅与信息材料”教学中，设置了下列问题情境：(1) 生活中常见的黄沙的主要成分是什么？(2) 太阳能电池光伏电板常用的材料是什么？(3) 由黄沙能制备太阳能电池光伏电板吗？(4) 我们如何通过化学方法来提高黄沙的身价？(5) 我国西部、北部有着广阔的沙漠，如何将沙漠变害为宝呢？这些问题的设置，拉近了化学和生活的距离，使化学学习发生在真实的问题情境中，提高了学生化学学习兴趣和主动参与意识，引发了学生用化学的方法解决人类社会所面临的能源、环境问题，培养了学生的化学素养和能力。

积累教学经验。牛顿有一句名言：如果说我比别人看得略为远些，那是因为我站在巨人的肩膀上。这句名言对我的启示是，收集、整理别人的教学资料是获取间接经验的有效途径之一。我从2002年开始订阅全年的《中学化学教学参考》《化学教学》《化学教育》等杂志，将上面的教学设计、教学论文进行分类、编制目录，采用档案袋管理，极大地方便了教学，促进了教学水平的提升。平时上课，相同课题的教学设计可以直接参考；遇到上公开课、研究课时，阅读别人的教学设计，借以激发备课灵感。且不说节约了很多宝贵的时间，最重要的是在资料的整理与使用过程中，能够走进他人的教育世界，更好地理解智者的教育思想，增长自己的教学智慧。整理自己的教学资料、书写教学反思是升华直接经验的过程。个人教学资料范围很广，如课本、备课本、听课本、读书笔记等，处处留有自己成长和教学的痕迹，是自己重要的教学资源。反思的重要性容易被教师所认识，但是坚持写教学反思却不是一件容易的事情。教学反思不能仅仅停留在思考的层面上，必须诉诸笔端、跃然纸上，这样才能做到系统而深刻。这些年我坚持每节课写课后反思，每周写教学周记，对比不同时期自己所写的反思，可以清楚地看到自己教学观念变化的轨迹，有利于提炼教学思想。

挖掘科研能力。"教师即研究者"的观点已经被学术界和广大教育工作者认同。对于教育科研能力，我的切身体会是，开发越早对教师成长越有利。我科研能力的最早起步，是从完成教育硕士的毕业论文《高中生"原电池"错误概念及转变的初步研究》，作为核心成员参与省级规划课题研究开始的。我先后参加了"十五"江苏省教育规划办立项课题"高中理科学习方式转变与教学模式创新的研究"、"十一五"江苏省教育规划办立项课题"构建充满生命活力的学校教育生态环境的探索与研究"，其中"高中理科学习方式转变与教学模式创新的研究”获得江苏省基础教育教学研究成果二等奖。2009 年，我开始主持省级课题研究，主持的江苏省中小学教学研究立项课题“普通高中学生学业不良常见表现及有效学习策略的研究”，通过省市鉴定结题后获得江苏省中小学教学研究第八期课题二等奖。这项课题分别从化学学习态度、化学学习方式策略、化学学习的调节与控制策略、化学学习的元认知策略（元认知知识、元认知体验、元认知监控三个角度）等方面，设计了高中化学学生学习策略情况调查表；选取部分学业不良学生进行了问卷调查；对典型学生进行了学业不良原因分析、有效学习策略指导与训练，使他们解决化学课程学习问题的能力明显提高。

2012 年，由于教科研工作业绩突出，我被任命为江苏省东台中学副校长，并有幸作为江苏省高考命题组成员参加了 2012 年化学学科的高考命题工作。

从 2002 至 2012 年的十年时间，我实现了自己预定的目标：2006 年被评为东台市化学学科带头人，2009 年被评为盐城市化学学科带头人，2010 年被评为江苏省高中化学特级教师。

作为盐城市化学学科中心主任、高中化学中心组成员，我还多次参与省市高三调研考试命题、审题工作。2014 年，我被评正高级中学化学教师，当选为江苏省教育学会化学教学专业委员会理事。

“一花独放不是春，万紫千红春满园。”这些年，无论是学校还是我个人，都特别重视教师队伍的专业化发展，提升教师的合作水平和团队精神。我直接分管的化学教研组成为一个非常团结向上的集体，先后被表彰为东台市五一文明示范岗、盐城市教育先锋号、江苏省优秀教师群体，2007 年作为盐城市唯一的学科组被人民教育出版社表彰为“高中新课程教改先进集体”。我在化学学科组推行的“定标导学，合作质疑，及时反馈”的互动教学模式，已经成为学校各学科整体的教学复习方式，取得了很好的教学效果。学校的学科奥林匹克竞赛也是从化学学科开始破茧化蝶的，至今学校数学、物理和信息学等学科竞赛，都在运用着化学学科探索出来的“会者为师”的教学方法。虽然那几年连续获得了一系列荣誉，但我并未沾沾自喜，而是继续勤耕不辍。2011 年 8 月，我作为领衔名师，带领化学组的教师们不断前进，让学校成功申报成为江苏首批省级高中化学课程基地。2013—2017 年，我主持了江苏省“十二五”教育规划立项课题“省级普通高中化学课程基地建设的研究与实践”。根据学科实际和发展的需要，我们将基地建设成一个培养学生学习、实践、创新能力的新课堂，促进教师专业成长的新平台，推动学校特色发展的新载体，在省内外产生了很大的影响。浙江省教育厅专门组织人员来基地参观、学习和交流。2012 年 12 月，课程基地的“吴海霞名师工作室”被表彰为江苏省教科系统“工人先锋号”；2013 年，我作为课程基地的负责人应浙江省教育厅之邀，在“深化普通高中课程改革”化学学科培训会上作专题报告，受到大家的好评。《中学化学教学参考》《化学教学》等杂志纷纷对我们的化学课程基地进行了专题介绍。

借助江苏省首批高中化学课程基地平台，我加强对化学教师的培养和指导，使他们迅速成长为市县教学骨干。在我的鼓励下，马东华、王凌静等老师在南师大攻读教育硕士学位；在我的悉心指导下，王军、马东华两位老师均在盐城市、东台市青年化学教师会教中分别获得一等奖，特别是王军老师，在 2014 年江苏省青年化学教师基本功大赛中荣获一等奖。

从 2006 年到 2016 年，我先后任教了高三实验班、高三生化班和高三普通物化班等不同组合班级，进行了各种高考模式（大综合、3+2 等）的教学与研究。教学中，我注重以新课程理念指导学生，培养他们自主、合作、探究的意识，努力探索新课程背景下有效提高课堂教学效益的策略，形成了“追求学生学习主体性最大发挥”的教学风格，课堂教学有效度高，教学实绩突出。

四、远航，事业蓝海再出发

2016 年初春时节，我来到母校苏州大学，跟着朱永新教授做访问学者。朱永新教授是国际知名学者、教育大家，我对他敬仰已久，对新教育所倡导的理念“过一种幸福完整的教育生活”一直向往不已。我觉得这种理念，是每一个具有浓郁教育情怀的人的毕生追求。

2010 年，虽然我当时刚到 40 岁就获得了江苏省特级教师的称号，在江苏省算是比较年轻的化学特级教师了，但长期的高中化学一线教师的经历和压力窄化了我的视野和阅读力，自己越来越感受到知识的贫乏甚至枯竭。知识的加油站在哪里啊？我不断去寻找。在朱老师的指导下，我开始阅读部分关于大教育和哲史类方面的书籍。随着阅读面的拓展，我的视野渐渐变得开阔了，对所从事的化学教育有了不一样的感受和感悟。在朱老师的指导下，我做了一件非常有意义的事情：组建团队进行《中学化学学科阅读书目》的研制工作。

我和我的团队教师经过一年多的广泛调研，发现中学师生化学阅读现状不容乐观，大家都需要进行广泛的化学学科书目的涉猎和阅读。

首先，教育部新课标组列出的中学生必读书目中，没有一本是自然科学类的。诚然，人文学科的阅读非常重要，但自然科学的阅读同样不可或缺。化学书籍的阅读，可以帮助公众理解化学为人类社会带来的福祉。例如在疫情防控过程中，可以有力地帮助公众更快地理解和接受相关防疫措施，如学习气溶胶传播原理理解戴口罩的作用。近年来，频发的化工安全事故在很大程度上就是从业人员化学知识严重缺乏的反映，若再弱化化学阅读，将会导致更加严重的后果。

其次，当时的高考改革方案削弱了高中化学教育的基础地位，影响了化学素养的培育。自 2014 年 9 月印发《关于深化考试招生制度改革的实施意见》以来，“3+1+2”高考方案已在部分省市实施。该方案中的“3”是指语文、数学、英语必考，“1”是指在物理或历史中选一门，“2”是指在政治、地理、化学、生物中选两门。调查显示，在近年实施“3+1+2”高考方案的省份，选择化学学科的考生数量锐减，由此带来的问题包括：（1）多年来形成的较好的基础化学教育体系受到极大冲击乃至坍塌；(2) 理工农医药类考生，不选择化学作为高考科目的，进入大学需要补习高中化学课程，特别是化学专业的学生，化学也可能不是必考科目，更是让人哭笑不得。

最后，化学是一门基础的、中心的科学，学生如果忽视化学学科的学习，从长远来看，会危及我国自然科学生态。如何使广大学校师生认识到化学之于人类文明、人类生存发展的重大意义？朱永新教授认为，“阅读是教育最关键、最基础、最重要的问题”。有效的化学书目阅读能使教师和学生自觉担当起时代的使命和责任！

2020 年 11 月 12 日，习近平总书记在浦东开发开放 30 周年庆祝大会上强调：“科学技术从来没有像今天这样深刻影响着国家前途命运，从来没有像今天这样深刻影响着人民幸福安康。我国经济社会发展比过去任何时候都更加需要科学技术解决方案，更加需要增强创新这个第一动力。”之前的 9 月 11 日，习近平总书记在主持召开科学家座谈会时也强调：“要加强创新人才教育培养，把教育摆在更加重要位置，全面提高教育质量，加强数学、物理、化学、生物等基础学科建设……注重培养学生创新意识和创新能力。”

习近平总书记的讲话为《中学化学学科阅读书目》的研制指明了方向，增添了动力。化学书目研制组融合科学人文、融通数理化生，进行了一系列有益的探索。《中学化学教师阅读书目》和《中学化学学生阅读书目》征求意见稿于 2020 年 9 月 18 日公开发布在腾讯网上。考虑到学生和教师的不同特点，研制组的专家们在撰写导赏文字时，努力让学生书目做到语言活泼、生动有趣，但不能忽视科学性；教师书目重视严谨、认真、规范，不失人文性。在《中学化学学科阅读书目》研制过程中，前后有 40 多位化学学科专家、500 多位中学一线化学教师、10 多位大学化学课程与教学研究专家参与，历时 5 年多，于 2023 年 10 月基本完成。

2019 年，我考取了华东师范大学的博士生，在职攻读教育博士学位，学习之路延伸向前。2020年暑假，我被引进到江苏第二师范学院工作。从基础教育转战高等教育，对我而言面临许多新的挑战和新的难题。学习和研究永远无止境，我将继续努力，在理论与实践的总结反思中，拓展自身的专业水平，提升自己!

夏献平

深圳市育才中学校长助理、教师发展中心主任。中学生物学学科特级教师，正高级教师，历任广东省名师工作室主持人、顾问，广东省“百千万名师”导师，深圳市地方领军人才，享有市政府特殊津贴。人教版高中生物学教材核心作者。曾任南山区等地教研员近 20 年。华南师大等高校兼职教授，北师大兼职教师，《中学生物教学》编委和栏目主持人。著有《我是生物学教师》等，发表论文数百篇。

我是生物学教师

我从事一线教学工作近39年，带教高中毕业班25届，兼任过多年初中、卫校和电视中师班的生物学教学。随着教龄的增加，毕业的学生越来越多，对过去教学的反馈信息也越来越多。

留给学生印象最深、时间最久的，是我的教学方式和教给他们的做人道理。2018年，我有幸成为中央电视台“寻找最美教师”的候选人。从被采访的十几位学生对我的评价看，他们大多印证了这一点。当年考入清华大学的邓子豪同学感慨地说：“夏老师的教学是注重课本又不拘泥于课本……夏老师是真正在培养和激发我们对生物学科的兴趣。他不是生物学知识的搬运工，而是生物学魅力的传播者。”

这类反馈信息，不仅让我深深感到做教师的自豪，也感到责任重大，育人的使命感愈发强烈。我也因此越来越主动、自觉地在课堂上尽最大努力发挥生物学的育人价值，以便最大限度地让学生终身受益。

我认为，生物学教师对育人价值的积极追求和主动实践，也是生物学教学的魅力所在。在学生成长的每个阶段，在他们的生活中，生物学知识无处不在。

无论他们将来从事何种职业，从生物学课程中获得的生命观念、科学思维、科学探究的意识和能力以及社会责任感，对理解个人生活、养成良好的生活习惯、提升科研兴趣都具有独特的价值，并影响人的终身发展和积极服务于社会的担当精神的养成。毫不夸张地说，懂得生物学，会使生活更有意义。

一、育人：润物细无声

生物学教学内容涉及生活、生产和科学研究的方方面面，及时联系真实情境开展教学，是教师必备的基本功和教学的基本遵循。

鲜活的实例，真实的情境，是对现实生活、生产劳动实践和科学实验的“仿真”，不仅能让学生感受到科学就在身边，更是培养他们从“解题”走向解决真实问题和提升核心素养的必由之路。把生活融入课堂，用知识服务社会，这自然也应当成为教学的常态。

（一）饮料瓶里装的，不只是营养物质

课堂上，面对人教社2019年版高中生物学（必修1）《分子与细胞》教材上“问题探讨”栏目呈现的“运动员饮料的化学成分表”时有特别的感触，教学中，若只是引导学生分析表格，识记和理解饮料的化学成分和作用，这是不够的。我在教学中，有这样的片段。

分析表格后，我说：请同学们关注“运动员饮料”中的“运动员”三个字！

课堂立即活跃起来。

我问：你们见过“学生饮料”吗？

满堂大笑。

他们说：没见过。

我问：你们有没有喝过类似饮料？

有人说：经常喝。

我问：为什么要喝饮料？

我与学生一起分析含糖等饮料的利弊。

我说：运动员也有“躺平”的时候，你们也有剧烈运动的时候，说明饮料并非不能喝，而是要根据身体的实际需要在适当的时间适量喝。

事实上，人们喝什么、吃什么，往往不是为了满足自己身体的需求，而更多的是根据喜好来决定取舍。将调味品变成食物的必备成分，已成为许多人的习惯，自然也就不知不觉地过多摄取某些“营养物质”，而使其积累成为身体的“有害物质”，而那些必需的营养成分却无意被减少，出现“吃得饱却营养不良”的现象。据2019年的统计数据，我国人群中糖尿病的发病率为12.7%，高血压发病率是27%。这两类病大多是后天形成的，分别与糖和盐的摄入量过多直接相关。所以，结合教学引导学生理解疾病形成的原因，树立健康意识，直接关系到我们下一代的健康水平，是建设“健康中国”的重要举措。

（二）说的是细胞，提升的是素养

初中生物学教材对植物细胞和动物细胞的基本结构作了简单介绍，植物细胞包括细胞壁、细胞膜、细胞质和细胞核，而动物细胞的基本结构一般只有细胞膜、细胞质和细胞核，没有细胞壁。

下列甲、乙、丙、丁、戊这样几种教学形式，许多教师是采用甲、乙两种形式。我在指导南山区两位教师准备公开课时，要求他们按丁上课。

甲——对照教材插图，引导学生填写植物细胞和动物细胞各组成部分。

乙——对照教材插图，引导学生比较植物细胞和动物细胞的相同点和异同点。

丙——引导学生比较苋菜叶肉细胞与猪血动物红细胞有什么异同。

丁——引导学生将苋菜叶肉细胞和猪血红细胞浸泡在蒸馏水中，会出现什么现象，并分析原因。

戊——按丁这样教学后，问学生，人为什么要适当多吃蔬菜？

乙与甲相比，教学要求的层次明显有提升。找到相同，也就是找到了“统一性”，找到不同，则会发现“特殊性”。科学研究中，很多结论的得出，是依靠不完全归纳法。例如，“人的肝脏位于腹腔右侧”这一结论适合于所有的人。据此，内科医生可通过触摸就诊者的腹部来检查肝脏的位置和大小。而“肝脏位于腹腔右侧”这一结论就是用不完全归纳法作出的——了解到“部分人的肝脏位于腹腔右侧”，归纳出“所有人的肝脏都位于腹腔右侧”这一结论。

“比较”中蕴含方法，“方法”里发展思维。细胞学说是19世纪30年代提出的，从1665年罗伯特·胡克（Robert Hooke）发现细胞开始算起，经历了170多年。在这段时间，许多科学家在自己的研究中发现和认识到某些植物或动物是由细胞构成的。当人们遇到未观察过的其他植物或动物时，只能再利用显微镜观察才知道其是由细胞构成的。正是因为他们没有作出“植物都是由细胞构成的”和“动物都是由细胞构成的”结论或概念（理论），才会停留在不断发现“新的生物是由细胞构成的”事实层面。植物学家施莱登（M. J. Schleiden）和动物学家施旺（T. Schwann），正是使用了不完全归纳法提出“细胞学说”，才让后人明白这个道理。今天，我们面对一个植物或动物时，你不需要观察，就知道它是由细胞构成的。同样，魏尔肖（Virchow）观察到部分生物的细胞是通过分裂产生，提出“所有的细胞都来源于先前存在的细胞”。孟德尔（Mendel）的遗传定律，也不只适合豌豆，这些皆归功于科学方法。可见，科学归纳对研究的重要性。比较相同与不同是理解归纳法的基础。

丙引入了具体植物细胞，或者说有了具体情境，能够引导学生关注生活，感受科学知识就在身边，平添了亲切感；丁则进行了科学探究。其实丁涉及的知识要求与甲、乙一样，无非是植物细胞与动物相比，多了细胞壁。苋菜细胞因为有细胞壁而不破裂，所以蒸馏水不会变红；红细胞会破裂，细胞外的水会变红。这里还可以联想到，煮熟的苋菜，能让米饭染红，可加深学生对细胞壁和细胞膜功能的理解。

戊强调了人吃蔬菜的重要性，而这正是被很多学生所忽视的。纤维素是植物细胞壁的主要成分，动物细胞没有。纤维素能促进胃肠蠕动，使肠胃变得通畅，而肠胃通畅与否，与直结肠癌的发病率高低直接相关。目前我国平均每两分钟就有一人患直结肠癌离世，不能不说与纤维素摄入量过少有关。

按戊这样教学，同时落实了生命观念、科学思维、科学探究（探究实践）及社会责任（态度责任）要求，这正是生物学核心素养的主要内容。

（三）学的是调节，不忘的是关爱

在与30年前教过的学生聚会时，他们对我从不拖堂，但会推迟上课时间而念念不忘。原因是我的生物课有一学期经常遭遇被上节课拖堂的老师“侵占”，生物课上课铃声响起后才下课。生物课上课时，我总是要请学生先去上厕所，再来上课。对不去上厕所的同学，让他们做适当的保健活动。到今天，对孟德尔遗传定律等具体知识，他们几乎忘光了，而对我说的“不憋尿，保膀胱”这句话却记忆深刻。

近几年，我在给教师培训新教材时，直接采用“不拖堂，保膀胱”作为核心素养落实相关案例的主题，同样给同行留下了深刻的印象。

对涉及“泌尿系统调节”的有关内容，我还会将其作为“敬老爱幼”教育的素材。人体排尿的低级中枢是在脊髓，而脊髓受高级中枢大脑皮层控制。婴儿因为大脑发育不全，所以排尿很“随意”，无论在床上，还是在父母的怀里，他们都可以排尿。

我补充说，老年人由于大脑皮层老化，有部分人也同样会出现一些问题。例如，有人称“男性若排尿后，裤子拉链忘记拉上，说明已经开始变老了；若尿完了，却没有拉开拉链，说明很老了”。可见，“拉裤子拉链”成为判断年龄的一项参考依据。

当我们在公共场所闻到老年人身上有异味时，你们是否会歧视他们？

课堂上，每每讲到这方面内容，学生都非常兴奋，教学效果也比较好，学生的学习也感到很轻松。当他们对大脑受外伤或老年人的排尿行为出现异常情况感到好笑时，我会严肃地问他们：有没有人故意尿床和尿裤子？他们说，没有。我说，每个人都有童年时代和变老的时候。课堂气氛也随之变得严肃起来。

（四）说的是“喝茶”，想到的是英雄

2021年9月2日，我上了该学年的第一节课，这是高一新生第一次接触高中生物学新教材。

这节课如何上？如何进入课题？如何让学生明确学习目标和要求、体验学习过程？如何激发学习兴趣？学生9月1日晚上集中观看了央视《开学第一课：理想照亮未来》，涉及宇航员在太空用筷子夹茶的内容。

上课时，我带学生回忆相关内容。

我问：为什么宇航员喝茶时不用茶杯？为什么喝茶能用筷子夹？

学生能联系到太空失重环境作答，我给予表扬。在了解到太空不仅可以让物体失重，也具有高辐射等特点后，我引导学生看教材，学习氢键等有关内容，让他们感受到生物学知识在教材上，更在生活中。

接着，我让学生回答：为什么航天员是值得我们学习的“英雄”？

学生对“英雄”的认识很模糊。有人说英雄能做普通人不能做的事，也有

人说宇航员身体好，还有人说宇航员有学问等。

我说：宇航精神值得学习。他们耐得住寂寞，特别能吃苦，特别能奉献，做出了常人难以想象的牺牲。历史上火箭的发射和飞船的回收，成功率都不是百分之百，而且宇航员在太空中，也不能像我们这样自在生活等。联想到前段时间为控制疫情，有的同学在学校或家里封闭一段时间都感到非常困难的事实，他们更加理解了宇航员是英雄。

深圳市育才中学陶勇、徐鹍两位老师听了我上的这节课，在公众号上，发表了如下点评。

今天听课收获的不仅是新教材知识，还受到新课标理念与教学方法的熏陶！首先是导入的形式新颖，结合年级学生最近教育的实际，呼应了《开学第一课：理想照亮未来》，保持“立德树人”教育的连贯性与一致性。其次是抓住了最佳契机，将新教材新增水与氢键的内容前置，水的“凝聚力”保证其液体状态，在失重状态下，能用筷子夹水吃……整节课学生不断被调动着、激励着、感动着！作为教材的编者，夏老师还是那么谦逊、和善，很有亲和力，这就是“亲其师，信其道”吧。

可见，教书与育人是一个整体。哪里有知识，哪里就有育人。知识因育人升华，引发共鸣；育人因情境灵动，润物无声。显性价值，让人如虎添翼；隐性价值，恰似水中溶盐。生物学的魅力，既在知识趣味中，更在育人价值中。教材中这方面例子比比皆是，关键是教师要用心发掘，并付诸实践。

对手术留下的伤口进行缝合时，用胶原蛋白做成的线，减轻了病人的痛苦，让我们深切感受到医学的飞速发展；寻找大熊猫的细胞证据，让我们领悟“查文献”“做实验”是科研的基本方法；不是谁都能拿我们喜爱的国宝做实验，说明科学研究离不开“可行性”。

从克隆猴中中和华华到基因水平解开兰花的进化之谜，我们不仅能体味细胞与分子的巨大潜能，更感受到科学家的担当、国家的进步；从热闹街市中偏黄的红灯和偏蓝的绿灯，到苯丙酮尿症患儿的特殊奶粉，饱含的是暖暖的人文情怀；青藏高原铁路的高架桥和涵洞，彰显人类建设的伟大成就，感受环保意识在教材“生根”；从《康熙字典》中的“酶”到四大家鱼的混合放养，从战国时期庄子的“天地与我并生”到唐代诗人杜牧的“银烛秋光冷画屏”，展现了中华优秀传统文化的源远流长；从结晶牛胰岛素的合成到中华骨髓库的建立，从王朗国家级自然保护区的兴盛到塞罕坝和筼筜湖的生态修复，见证的是中国精神和民族自信，让我们牢记的是“绿水青山就是金山银山”。

评价“保健品广告”，应用的是批判性思维，学习的是机智表达水平。讨论“吃什么补什么”，体会代谢和遗传的承转流畅，感叹“伪科学”有时也迷人。探讨血液化验单，发现的是异常数字，支撑的是健康理念和求知欲望。发酵，在微生物学家巴斯德（Pasteur）眼中是细胞起作用，而在化学家李比希（Liebig）看来，起作用的是细胞裂解后释放的化学物质。孰是孰非？毕希纳（Buchner）给出的结论是，这些化学物质在细胞内外都起作用。萨姆纳（Sumner）则花了九年时间，证明起催化作用的酶是蛋白质。还原的是科学探索的过程，彰显的是生动的育人内涵。

探讨老年人“阿尔茨海默病”，理解从行为到功能再到结构的相关性，让生命观念得到升华。我们为无数病患者忧虑，也为癌症免疫疗法的应用倍感欣慰。对艾滋病病人少一分歧视，对抑郁症患者多一分关爱。

欧文顿（Overton）探究细胞膜，做了上万次实验；袁隆平培育杂交稻，毕生追求“禾下乘凉梦”。马克思说：“科学没有平坦的大道，只有不畏劳苦沿着陡峭的山路攀登的人，才有希望达到光明的顶点。”这充分诠释了育人的至高境界。

二、互动：促进成长的动力

互动学习，就是在讨论中学习。我最初感受到互动的乐趣，是在读初中的时候。1977 年，每逢节假日，我经常拿着比较难的数学题向我的小学老师——杨孝玲老师夫妇请教。他们非常耐心地与我一起讨论解题方法，既给了我足够的自主思考的空间，又能与我平等对话，让我找到了自信，提高了学习兴趣。

后来，我在担任《中学生导报·理科版》主编时，在该报开设了一个专栏叫“网络链接”，专门刊登“K-12”和“教育在线”等论坛互动讨论稿。其间，也给《中国教师报》“对话”栏目组稿多篇。2005 年第 7 期开始，我在核心期刊《中学生物教学》正式开设“互动平台”专栏，一直到今天。我在互动中汲取营养，收获成长。

我认为理想的生物学课堂，是学生乐学并积极参与的课堂，是师生平等互动和合作学习的课堂。如果老师经常深入班级与学生互动，一定会激发更多学生的学习兴趣和提升学习效果。事实也反复证明了这点。

互动贯穿于我从教的各个环节之中，无论是在课堂，还是课间，只要有机会见到学生，我都会与他们进行交流。

（一）常问学生：这节课感觉如何

师生互动，随时随地可以发生。多年来，每节课下课时，我都会习惯地问全体学生或部分学生：这节课感觉如何？下面是 2011 年 10 月高三（11）班一节课的片段。

我问：对今天这节课，你们感觉如何？

学生回答：挺好。

我说：今天我之所以这样教，是因为隔壁平行班邱峰同学对我说，这样教对他的效果好，所以你们班也这样上。

下课时，刚好邱同学也来到高三（11）班，我对学生说，我就是听了邱同学的建议后，对你们也这样上的。听我这样一说，该班的科代表和部分同学开心地笑了，并对他表示感谢。后来，邱峰同学学习生物学的积极也特别高。

我还特地问了上过黑板画图的熊非同学：感觉如何？有收获吗？他频频点头称是。他对基因与染色体关系比较清楚，却对同源染色体分离图不太清楚，这点出乎我和听课的荆文华老师的意料。

利用好下课前的几分钟，及时问学生，这样的互动形式，有利于及时了解学生对课堂的建议和意见，对教学作出调整，或向他们宣讲自己的教学理念和思路。

为了鼓励学生对我的教学方法和教学内容提出问题和建议，我提出“郁闷说”。我说，有问题不提，会让人产生“郁闷”。“郁闷”有累积效应，一个问题不提，增加一点“郁闷”，多个问题就会增加多个“郁闷”。一天下来，得有多少“郁闷”呢？长期下去，那将是什么样的人生呢？郁闷的人生。

为消除学生的顾虑，我说，能产生“郁闷”的人也是有责任感的人。对老师多提意见和建议，也是帮助老师。临时产生点“郁闷”比没有“郁闷”好，及时解决“郁闷”比累积“郁闷”好。从教头几年，除了分析学校统一的评教情况，我曾经让学生在试卷上写出对生物课的意见（哪些地方难理解，对老师上课的意见和建议是什么等)，效果也不错。

（二）互动，重在师生心理交流

在课堂教学中，稍不注意，很容易出现教师卖力讲、学生被动听的现象。所以，对学生通过看书就懂的知识性内容，教师应该少讲；一般的叙述，可以引导学生自己讲；疑难问题师生一起讨论，让互动贯穿教学中。

2020年12月10日，我在南山区生物学教研会上上了“ATP的结构”的公开课。由于该内容在新教材中变化比较大，为促进同行尽快熟悉新教材，上课时我引导学生一起用“手势”解决其中的几个难点问题。

人民教育出版社副总编辑、高中生物学教材总主编赵占良老师现场听了这节课。课后，他作了点评，点评的主要内容如下。

夏老师有双万能的手，既能模拟ATP，又能模拟磷酸基团；既能模拟肌动蛋白，又能模拟载体蛋白。再加上他那风趣生动的语言，还有打比方等技巧，复杂难懂的内容变得形象、生动，充分显示了名师深厚的功力。

点评之后，活动就结束了，但我总觉得点评不够到位，总觉得有什么更重要的东西没有总结出来……有一天我豁然顿悟，这个没有总结出来的东西，就是夏老师经常讲的两个字，也是他主持的《中学生物教学》一个栏目的名字——互动！表面上是他在动，他的嘴在动，他的胳膊在动，他的双手在动，实际上他的每一句提问都驱动着学生的思维，每一句讲解都启发着学生的思考；许多本来是肯定语义的陈述性话语，他都改成疑问句式说出来，讲解的同时就在问学生是否认同；他在讲每一句话时，眼睛都一直热切地盯着同学们的眼睛，在感觉同学们的情绪和思维。表面上没有学生活动，实际上学生一直在动，学生的脑在动、心在动，嘴巴在不自觉地轻声呼应，思维一直在活跃地前行！他的表情洋溢着互动的兴奋，焕发出互动的光彩，学生也同样！

可以说，这节课展示了什么是真正的师生互动。与有些课堂上形式化的互动相比，这样的互动才能真正促进学生思维的发展和意义的建构。当然，这里绝无否定学生动手、讨论等活动的意思，只是想强调，互动不能只重形式不重实质。

（三）互动，感受阅读之乐

一节课的“高潮”有时就在几个细节上。有预设的，也有不经意生成的。引导学生阅读教材，不仅要让他们明确阅读的目的，熟悉所阅读的内容，更要培养他们阅读的兴趣，发掘所阅读内容隐含的兴趣点，启动他们阅读的内在驱动力。下面列举多年教学的一个片段。

师：（边阅读，边点评）快下课了，还有几分钟。

师：下面请同学们看教科书［人教版高中生物（必修）《遗传与进化》］第71页拓展题。

师：“摩尔根通过白眼这一异常性状发现了控制果蝇眼色的基因……许多科学家也是从生物体的异常性状入手，研究基因的作用。想一想这是为什么？”

师：我们不妨再回过头看看，我们教科书编者的“激情写作”，请大家将教科书翻到第33页。我们一起来阅读有关内容。如果认真阅读，并将它作为“素材”在今后引用，我想是很有意义的事，不只是有利于解决这道题。例如，我关注到一些好的文章，他们往往会“引经据典”，特别是引用生物学知识，使文章更有灵性或说服力。

生（科代表）：“大约在1910年5月，在摩尔根实验室诞生了一只白眼雄果蝇，而他的兄弟姐妹的眼睛都是红色的。”——拟人化表述，读起来很亲切。对吧？

（部分学生露出笑容，表示认可。）

师：“很明显，这是一只变异个体，它注定要成为科学史上著名的动物。”——若将这里的“著名”改成“明星”是不是也可以？编者真是饱含深情啊！

（学生开始笑出声了。）

生：“在自己第三个孩子出生时，摩尔根赶到医院，他妻子的第一句话竟然是‘那只白眼果蝇怎么样了？’摩尔根的第三个孩子长得很好，但那只果蝇却很虚弱。”——他的妻子是不是很伟大？爱孩子，爱丈夫，也爱果蝇。不爱白眼雄果蝇的妻子不是科学家摩尔根的好妻子，对不？编者将果蝇与孩子、妻子写在一起，这是什么写法？说明了什么？爱果蝇胜过爱孩子？

（学生大笑不止。）

师：怎么这么高兴？大家静一静，下面继续。

生：“摩尔根晚上把它带回家中，让它待在他床边的一个瓶子里，白天又把它带回实验室。随后，这只白眼果蝇与一只红眼果蝇交配，将突变基因传了下来。”

师：应该改一下，他是将瓶子连它一起带回家的，不是与瓶子分开单独带回的，否则会伤害到它。他没带红眼果蝇回家，也没陪孩子和妻子，他为什么那么喜欢白眼果蝇？你看，“让它待在他床边”嘛，他在哪儿，果蝇就在哪儿。你们看看，那只白眼果蝇真的被他老人家的爱心感动了！虽然它很虚弱，也很疲惫，但为了科学事业，抖擞精神，硬是将突变基因传了下来。

（学生全笑了。）

师：以后大家就按照这样继续读，虽然不一定有人陪你笑，自己一个人读出笑声来，也是很幸福的事。

大家共读一篇文章，边读边互动，有利于形成阅读的氛围，提升阅读的兴趣。看似平常的一段科学史料，经过编者的精心处理，加之课堂的激情朗读和点评，激发了学生的兴趣，引起了他们的共鸣，给学生带来快乐的同时，也享受着科学精神的教育。值得说明的是，拟人化叙述，虽与科学事实不相符，但能增强教学内容的亲切感。

湖北省咸丰县第一中学向华民老师认为，像这样开展教学，“生物教师更是魅力十足”；广东开平华侨中学羊垂功老师认为：“课堂阅读需要创新品读。实际上可能有的学生已经感悟到教师深情解读的情感：（1）科研过程需要执着、忘我精神；(2) 夫妻之间要懂得相互理解、尊重，学生长大后，这节课的‘情感’体验在他某个阶段会发挥作用；(3) 何为教育？教育就是润心细无声。”

（四）互动，师生同成长

我的教学没有特定的模式，有预设，更有生成。要说我教研上有点进步或成绩，学生的帮助很大。可以说，我自己的成长与学生的互动分不开。

我的教学总是与学生的互动联系在一起。互动使课堂有生成性、挑战性和生动性。正是由于经常会遭遇学生对知识的质疑，我才养成了及时查找资料并思考和做笔记的习惯，同时也激发了我写教学论文的习惯。

学生质疑能力的培养，需要教师的鼓励。记得从教之初，曾将“扁形动物”的“扁”字少写一竖，开始有学生私下议论，而我却蒙在鼓里，很久以后才有学生告诉我。这件事对我的触动很大，不仅让我更加注重备课，还让我感到“教学相长”的重要性，也促进我努力为学生营造质疑的环境。

学生质疑的内容相对比较宽泛，不仅包括课堂教学和试题，也包括教材。

2008 届有几个学生在课堂上与我进行辩论，他们认为教科书上的概念有“错误”。

生：“初生演替”是属于“演替”吗？

我：“是。”

生：“演替”的概念并没有包括“初生演替”，这不是矛盾吗？

于是，我引导他们一起查阅教材。教材的表述是：“随着时间的推移，一个群落被另一个群落代替的过程，就叫作演替。”“初生演替是指在一个从来没有植被覆盖的地面，或者是原来存在过植被，但被彻底消灭了的地方发生的演替。”

中学教材沿用了高校教材的说法：“演替”是指从“群落”到“群落”的过程，未包括从“无群落”到“有群落”的“初生演替”。

从文字表述上看，确实存在自相矛盾的现象。但我告诉他们，一个概念的形成有其历史原因，不管怎么样，教材的说法是有道理的。于是，我鼓励他们将自己的观点发表出来。

2014 届高三学生李燕宁对教材中“关于遗传的变异是怎样产生的，达尔文接受了拉马克关于器官用进废退和获得性遗传的观点”这句话有疑问，且认为教材自相矛盾。我们进行了互动，并请教人教社生物室陈香老师作了比较好的解答，还将其发表在杂志上，受到许多同行的肯定。

这两个案例告诉我们，互动不仅可以帮助我们了解学生的学习情况，增强教学的针对性，还可以促进教育者对教学内容进行反思，以便更好地做更正和完善，寻找更恰当的讲解方法。

综上所述，互动既是教学的重要形式，也是教师成长的需要。没有互动的教学，没有民主，缺乏生机，难以有的放矢；缺乏互动的教研，难入人心，没有鼓励，缺少批评，难以持久。鉴于此，我一直将互动作为我教学和工作的重要形式。最近，受新教育研究院新阅读研究所的委托，我组织来自全国多地的数百位老师参与推荐和编写《中学生物学师生阅读书目》正是采用互动的方式进行的。如果没有互动，这样繁杂的任务，是无法完成的，也是缺乏代表性的。

徐 杰

江苏省小学科学特级教师，江苏省名教师。长三角基础教育学科专家，江苏省基础教育教学指导委员会科学学科专家委员，南京师范大学硕士研究生导师，南京晓庄学院客座教授。科普作家、科学阅读推广人、苏教版小学科学教材组核心成员。曾获全国小学科学优课评比一等奖、江苏省小学科学优质课评比一等奖。正式出版科普专著《科学伴我成长》、教育专著《点亮孩子的科学心灯》。

在阅读中与科学结缘

一、我的成长之路

成长的路上，需要回首来路，也需要眺望前路；

成长的路上，需要驻足反思，也需要榜样领航。

1988年8月，果满枝头的季节，师范毕业的我跨进了江苏省海门师范学校附属小学的大门。去学校报到的那一天，分管教学工作的副校长就告诉我，你将是从事自然课（科学课前身）教学的专职老师。我愣了一下，还没有等我反应过来，这位副校长接着说道，原先的自然课老师由于工作调动，已经离开了学校，所以希望你能理解、支持、配合学校的工作，安心地教自然课吧！虽然有些不情愿，但是学校已经决定了课务安排，那就执行吧。于是，我从教工阅览室借回了所有和自然课有关的资料（教科书、教学参考书、教学挂图、教学投影片、学生练习册、《科学启蒙教育》杂志等），回到办公室开始认认真真地学习起来。虽然室外高温酷暑，但在室内，我的心情却越来越平静，因为我读到了浙江省小学科学特级教师章鼎儿撰写的《我的“特色”与追求——章鼎儿自述》和天津市特级教师路培琦撰写的《从小科学迷到自然教师——路培琦的自述》等文章。就在那一刻，我就意识到，这将是我一辈子愿意从事的事业了。20多年过去了，也正是有了“南章北路”这些前辈的努力和付出，我充分感受到了教学这门学科的乐趣和收获，即使有时工作遇到些困难也无法改变我矢志不渝从事小学科学教育工作的念想。

“兴趣是最好的老师。”小学自然（科学）教育是对学生进行科学启蒙的重要途径。小学生的科学启蒙教育涉及的知识面很宽，有动物知识、植物知识、生理卫生知识、声光电热磁知识以及天文、地理知识等，在这些知识的学习过程中，不但要让小学生观察一些自然现象，掌握一些粗浅的概念，而且还要培养小学生的动手实验能力、比较分析能力以及仪器操作技能等。要达到这些要求，光靠教师讲授是不够的，必须创设各种机会和条件，让小学生动脑想一想，动手做一做。只有让他们进入一个崭新的创造天地，才可以调动小学生的学习积极性。

在孩子们的眼里，大自然是一个充满无数问号、绚丽多姿、变幻无穷的世界。鲸是哺乳动物，哺乳动物都是用肺呼吸的，可是，为什么鲸搁浅了以后就会死亡？打碎的鸡蛋还能孵出小鸡吗？石头里的花纹是怎么回事？小蜜蜂是怎样采蜜的？如果去外星球，我们要作怎样的准备？……不言而喻，要想成为一名优秀的自然（科学）老师就应该成为孩子们眼中的“万能博士”。试想，如果一个孩子提出一个稀奇古怪的问题，作为一名自然（科学）老师应该读多少书才能满足孩子们的求知欲呢？于是，我便与孩子们一起阅读《十万个为什么》《科学伴我成长》《多彩的昆虫世界》《植物观察笔记》《恐龙王国》《走，观星去》《少年科学》《未来科学家》等科普图书杂志……只要有机会到外地出差，逛书店是我最大的爱好。每次外出回家，背包里鼓鼓囊囊的都是些自己和孩子们喜欢的书刊。到小学毕业，有的同学先后阅读了近百万字的科普读物，这是孩子们终身受益的本钱。

然而，我也深知一个学识渊博的老师未必就是一名好老师。要做一名好老师，必须有完善的知识结构，光通晓本学科的本体性知识是远远不够的，还必须具备扎实的条件性知识以及广博的人文背景知识。于是，每逢假期抑或夜晚，当别人闲情漫步于街头小巷，或信步走进餐馆享用美食时，我就徜徉在书的海洋，寒来暑往，通读了苏霍姆林斯基的《给教师的建议》、陶行知的《陶行知教育文集》、朱永新的《我的教育理想》《新科学教育论纲》、佐藤学的《静悄悄的革命》、张红霞的《科学究竟是什么》、罗伯特·卡普拉罗等的《基于项目的STEM学习：一种整合科学、技术、工程和数学的学习方式》、米歇尔·本特利等的《科学的探索者——小学与中学科学教育新取向》、温·哈伦的《科学教育的原则与大概念》以及韦钰与罗威合著的《探究式科学教育教学指导》等中外教育教学名著，浏览了众多的学科专业书刊和专业网站。

“腹有诗书气自华。”读书，让我心鋆洞明，成为一个有思想的人；读书，让我更深地理解并掌握教育核心的内涵。我深知，如果把教师的知识结构看作一个水桶的话，那么教师的本体性知识、条件性知识和人文背景的通体性知识仅是水桶的三块桶板而已，最重要的实践性知识才是“箍桶”的“铁条”。有了这个“铁条”，教师的专业结构之桶才能真正盛得了“教育之水”。于是，对课堂教学有了自己的思考：课堂教学重要的是心中牢牢记住教学目标，心中有目标才能做到眼中有学生、心中有学生。课堂上所有一切的预设、生成、对话都要紧紧围绕教学目标，为达成目标而不断努力。课堂上教师要敏锐判断、把握生成的动态课程资源，要放大这些能更好地达成教学目标的内容，这样的课才有品位、有嚼头。教学设计并不需要每一句的教学语言都设计好，而要采取板块式、螺旋式、进阶式。对于小组合作的学习形式，我更加强调学生进行小组合作前的个体活动。之所以这样，就是因为在小组合作学习中并不是每个学生的机会都是均等的，那些弱势的、胆小的学生也许根本没有机会，也不可能真正参与到整个活动中来，最好的办法就是让他们有机会表达自己的观点与想法。所以，在我的课堂教学中就有了更多的学生先单独思考再合作研讨的教学形式。集腋成裘、聚沙成塔，《上海教育科研》《中小学教师培训》《中小学教材教学》《江苏教育》《江苏教育研究》《小学科学》等全国性刊物也发表了我近200篇的教育、教学论文，我还在《动手做报》开设了"徐老师科学微课堂"专栏，在《科学探秘》杂志开设了"行走中的科学"等专栏，编著并且出版了配合教科书的《科学拓展读本》（1—6年级），出版了科普专著《科学伴我成长》、教育专著《点亮孩子的科学心灯》，主持的"十一五""十二五""十三五"科研课题研究成果也多次获得江苏省课题成果一等奖……

"一蓑烟雨任平生"是苏轼一生豁达的人生体验，也是我的人生态度。记得有一次，我代表南通市参加江苏省优质课评比，"好心人"要求我写出详尽的教学设计，规范每一句教学语言，参赛时严格执行。我始终认为教学是一个动态的过程，不是简单的流程，而且这种教学过程应该是灵动的、开放的、充满活力的，而非一味地执行教案。之后，我还是带着板块式、进阶式的教学设计参加了比赛，并如愿以偿获得了江苏省优课评比一等奖。我也不盲目迷信权威。有一次，一位美国的科学教育专家来华讲学。活动间隙，我把自己对一般的知识建构的理解同美国专家进行了交流，对所提的一些观点结合我们中国文化加以解读，结果让这位专家大吃一惊，因为我所表达的观点与美国教材中的观点如出一辙。

"此中有真意，欲辨已忘言。"我以自己的教学方式和生活方式前行在小学科学教育的道路上。江苏省小学科学特级教师、江苏省名教师、江苏省基础教育教学指导委员会科学学科专家委员、江苏省"333高层次人才培养工程"培养对象、全国小学自然学科优秀教师、江苏省知识型职工标兵、江苏省优秀青少年科技教育工作者、南通市"226高层次人才培养工程"首批中青年科学技术带头人、全国优秀陶研工作者等荣誉也接踵而来。

虽然身在喧嚣、浮华的尘世，而我的内心却能感受超尘绝俗的教育真趣，我将继续前行在这幸福的道路上。

二、我的教学思想

1999年，当新一轮基础教育课程改革正式启动的时候，我就非常有幸地进入了国标本小学科学教材的研制之中。在身感责任重大的同时更感受到了一种使命感，我暗暗发誓，我要为我们国家小学科学教育事业的发展作出我的贡献。于是，我抓紧一切机会拜访科学教育名家，学习国内外先进的教学思想，并非常认真地做了详细的学习笔记。

著名特级教师路培琦是我的一位忘年交。他时常对我说，我们要编写一套符合中国国情的小学科学教材，为中华民族的伟大复兴作出自己的贡献。我也一直在思考这个问题，也尝试着解决这个问题。我觉得，这既符合目前科学教师的教学水平和能力，也符合目前基础教育的实际情况。当然，我说的科学阅读是由多方面组成的，而且，科学阅读也要在动手探究、亲身经历的体验活动中一并实施。

《义务教育科学课程标准（2022年版）》指出，探究既是小学生科学学习要达到的目标，又是小学生科学学习的主要方式，这就意味着科学探究不是唯一的科学学习方式。但是，在我们的科学教学活动中，我们所看到的除了探究还是探究。还有许多科学教师把科学探究简单化、程式化了，这些都是误区。我认为，任何一种科学教育的改革都必须符合国情、校情、学情、师情等实际情况，要因地制宜、有的放矢。一方面，我们要借鉴发达国家在科学教育中的成功案例；另一方面，我们也要牢固地抓住过去几十年我国在科学教育探索中的宝贵经验。当前，无论是学校、家庭还是个人都非常强调阅读，但是学生阅读的内容基本上集中在对文学作品的阅读上，自然科学方面的内容比较缺乏。学校的领导、老师，尤其是学生更是乐意在这方面有所改变，既丰富学生的阅读面又完善学生的阅读结构，为学生的全面、可持续发展奠定基础。与此同时，在最近若干年，国内也引进了一些国外的科学教材、科学读物。如美国主流教材《科学探索者》《科学启蒙》《美国科学》等，这些主流的科学图书就非常强调科学阅读，设有专门的栏目来明示、指导阅读。2009 年江苏省中小学教学研究室组织的“海峡两岸科学教育研讨会”可以看出我国台湾地区的科学教育也非常强调科学阅读。2010 年 6 月，在北京召开的启发创新科学教育国际研讨会上，美国野生动物保护专家乔治·夏勒（George Schaller）和中国极地科学家王自磐也在新闻发布会上向社会传递了要为青少年的科学阅读作出贡献。这些都说明已经有很多人来关心科学阅读，我们为什么不可以呢？我还认为，科学阅读融入科学教育，这本身既是一种教学策略，更是一种用来沟通、组织想法和促进概念转变的工具，更能给教师在教科学概念、促进学生问题解决技巧的进步、指导学生科学发现、丰富学生的创造力和思考能力等方面提供教学方法。可是很少有学生知道，如何通过阅读来学习科学内容，这其中的很大原因就在于学生没有掌握科学阅读所需的不同于一般阅读的方法和策略。所以，提升学生科学素质，靠任何一种单一的教学策略或学习活动都是无法办到的，在科学阅读中学习科学与科学探究是互补的，在探究过程中引导学生有针对性地开展科学阅读，有助于拓宽视野，加深对科学本质的认识。只有这样，学生的科学素质才能得到全面、可持续的发展。科学阅读有助于学生科学本质观的形成和发展，有助于学生科学概念的形成和理解，因此，在科学教育中融入有效的、系统的科学阅读，可以促进学生的科学学习，提升学生的科学素质。

阅读给了我们观察世界的高度，让我们视野开阔；阅读给了我们认识社会的深度，让我们思想深刻；阅读给了我们改造世界的利器，让我们丰富人生。科学知识的普及必须倡导阅读，文明理念的传播必须倡导阅读，人们内心的和谐必须倡导阅读，真理的追求更离不开阅读。同样，在科学教育中，阅读也扮演着重要的角色。因为科学素养不仅仅只包括科学的实质性内容，还包括“在所有阅读过程中所需的概念、技能、理解和广泛的价值观”。如果科学教育不重视阅读、写作与讨论等活动，就犹如无帆之船，难以达成既定的目标。所以，我更认为，科学阅读还应该包括科学阅读的方法、科学阅读的教学方法和教学策略等内容。

随着时间的流逝，我主张的“加强科学阅读，提升科学素养”的教学思想也日趋完善。2010 年 11 月，由中国教育学会科学教育分会主办的“全国小学科学特级教师论坛”在广西壮族自治区南宁市举行。论坛上，我首次对这一教学思想进行了初步的阐述，引起了大家的高度关注。2011 年 1 月，中国教育学会科学教育分会唯一会刊《科学课》全文发表了我的演讲报告。2011 年 4 月，在中国教育学会科学教育分会支持下，又隆重召开了“全国小学科学教育与科学阅读专题研讨会”，其间，我全面、系统地展示了我的“科学教育中的科学阅读”教学思想。我进一步解释道，课堂教学中的科学阅读主要有科学教科书，而科学教科书又有文本和绘本甚至是电子的内容。文本的又可以分为科学家的相关介绍、重大科学事件介绍、科学技术应用方面介绍以及对教学内容的拓展或补充性知识介绍等；电子媒体的阅读包括光盘、录像带等内容；课外阅读包括知识拓展性阅读、实际应用类阅读、高科技领域类阅读、科学家献身类阅读等。科学阅读的方法有比较性阅读、求解性阅读、质疑性阅读、创造性阅读等，此外，还有科学阅读的教学方法、教学策略等。

2017 年 1 月，海门市海南小学阶梯教室座无虚席，由江苏省中小学教学研究室主办的“江苏省科学阅读与科学教育专题推进会”在这里召开。来自江苏各地的 300 多名老师汇聚一堂，为共同推进科学阅读与科学教育集思广益、出谋划策。有的与会老师发出“科学课，原来可以这样上”的惊讶，表达专题推进会带给他们的惊喜与感动。2017 年 11 月，新教育国际高峰论坛活动期间，新教育实验发起人朱永新教授在看完我执教的公开课、听完我的教育故事后，强调说，新教育中科学教育的行动方式是“做中学、读中悟、写中思”，“像徐杰这样的老师是稀有的，他为中国科学教育探索出了一条新路”。于是，在朱老师的指导和鞭策下，我主持研制了《小学科学学科基础阅读书目（学生版）》和《小学科学学科基础阅读书目（教师版）》两个推荐阅读书目。这些书目充分体现了新教育实验发起人朱永新教授所强调的新科学教育的行动方式是“做中学、读中悟、写中思”。

2021年暑假刚开始，上海一位教材专家在有关部门推荐下找到我。这位专家详细向我介绍了中国政府援非项目的情况，包括方针政策、援助方式、教材编写要求以及时间部署等内容。我也简单介绍了自己主编、参编教材的情况，还介绍了我对科学学科的思考与教材编写的观点、思路等情况。这位专家回沪后不久，就发来一份教材样例，让我尽快按照这样的体例完成一个单元的设计和编写工作。一个星期后，我就把作业传送给了对方。很快，收到对方回复：您的编写思想、编排体例以及写作手法、写作的熟练程度都是我们认为合适的对象，我们决定邀请你参加中国政府援非科学教材的研制和编写工作，这项工作时间紧、任务重、政策性强，由您担任分册主编，您可以单独编写，也可以组成团队编辑，我们倾向于前者。此前，非洲的科学教材都是由英国政府提供的，教材的设计理念、编写体例、实施要求、教学建议等内容也都是国际上通行的。但是，自从中国政府援非的项目开始接手后，如何体现东方大国的教育智慧，包括悠久的历史、深厚的文化以及科学技术对世界的影响，我采用了项目化的设计理念，以问题为导向，结合非洲当地的真实情境，来解决实际问题，培养学生的科学素养。这种从身边的真实情境出发，围绕生活中的科学与技术来结构化、体系化编排教材，获得专家们的一致认可。在接下来的近一年里，我是白天正常工作，深夜赶写赶编，最终圆满完成了教材的研制、编写任务，目前，该教材已经进入了英文校对和印刷程序。非常重要的是，这套教材是中国政府首次在海外出版发行使用的教材。

我的独特见解甚至还受到了海外科学教育研究人员的关注。从农村学校到城区学校，从海门市到南通市，从江苏省到彩云之南，从江海之滨到雪域高原，从国内到国外，从小课堂到大课堂，我且行且思且珍惜。渐渐地，我发现孩子们的行为方式和思维方式有了明显的改变，敢于表达、交流的多了，不少学生甚至开始记录和写作，省、市的报纸杂志上经常会有他们的习作发表，孩子们已经从基础阅读发展到深度阅读甚至创造性阅读了。目前，已经有越来越多的地区和老师开始自觉尝试、不断实践和研究我的教学思想。德国科普作家莱纳科特等专家、学者还慕名来校考察、交流。我想，这种教学思想是符合广大科学老师需求的，是扎根本土的、有生命力的教学思想。因此，我乐此不疲，我知道，作为教师必须寻求这样的变化，只有这样，才能获得“活”的教学方式，创造“活”的教育思想，以此来引导我们的学生，让他们收获受用一生的“活的能力和素质”。

或许是得益于我具有国际教育发展前沿的视野和脚踏实地始终站在一线课堂的实践经历，南京师范大学教育科学研究院在2022年5月又发来了大红请帖，邀请我作为导师参加硕士研究生的培养工作。

三、我的教学实践

“纸上得来终觉浅，绝知此事要躬行。”学习的目的在于实践，只有亲自去实践，才能获得真正闪光的理论。我一直奉行着这一信条，在课堂教学的活动中，不断地实践和探索。下面截取几个教学片段，阐述我对科学阅读的一些认识和思考。

（一）“食物的消化”教学片段

师：刚才几个同学画的食物在人体内的消化过程图都不一样，究竟谁的想法是正确、科学的呢？

（学生举手回答，教师归纳小结。）

师：今天，我们就用阅读书籍的方法来展开研究。要求：先仔细阅读教材人体消化器官图，然后思考人体的消化器官有哪些，这些消化器官分别有什么作用，以及它们分别在人体内的什么位置？

（学生自主阅读后小组交流。）

在这个教学片段中，我们一眼就能看出科学阅读的痕迹和作用。这是科学阅读的一种，我把它称为求解性的阅读。所谓求解性的阅读，就是教师根据一定的目的要求，向学生明确提出若干个带启发性的问题，让学生从课文中寻找答案，画出要点，以便在课堂中发表自己的见解。这种阅读能否打开思路，关键在于教师提出问题的难易程度。如果内容确实较难理解，则可以提出几个阶梯性的问题，引导学生寻求正确的答案。最好的方法是：学生对问题产生兴趣，似有所悟，跃跃欲试，甚至自发展开讨论，这就更能促进求解性阅读的自觉进行。

我总结了操作的具体步骤：第一，精加工阅读材料，使其成为问题情境。此类阅读材料往往文字较多，学生通读耗时较长，同时众多的内容也不利于突出主题。要使其成为合适的问题情境，应对其进行精加工。加工时应保证其具有趣味性、凝练性，同时还有利于产生问题。精加工后的材料更凝练，更能引起学生的高度关注，也更容易产生问题，因此作为情境富有价值。第二，针对情境，设疑激思。对精加工后材料的阅读，易使多数学生进入“产生和思考问题的亢奋状态”，有利于对所提问题的解决。此时是设疑激思促进学习的最佳时机。设疑激思时应注意：问题的情境性，即问题源于所创设的情境；问题的可思考性，即问题能贴近学生的“最近发展区”；问题的趣味性，即问题能吸引学生去思考；问题的目的性，即问题的思考和解决有利于教育教学目标的达成。在学生对问题的思考过程中，教师可以不断加以引导，并在解决问题过程中，鼓励学生提出新的问题，使情境成为问题的“策源地”和“催化剂”，使问题成为思维的路标。

（二）“观察蚯蚓”教学片段

师：托盘天平是较精密的称质量工具，请大家认真阅读大屏幕上的资料。（教师边讲解边演示，学生练习。）

1. 使用前要先调节，把游码放在零刻线处，再调节横梁平衡。

2. 由于标尺上零刻线在左边，游码放在标尺的零刻线处时，游码的左边与“0”对齐，因此游码读数时以左边的线为准。

3. 天平的量程即最大称量值就是这台天平配套砝码盒内砝码的总数加游码最大的读数所表示的质量；最小刻度值就是标尺上每小格表示的质量数。

4. 由常见跷跷板的道理知道，指针偏左，右边平衡螺母向右调；指针偏右，右边平衡螺母向左调。

5. 在调节横梁平衡时，如指针在分度盘中央左右摆动的格数相等，横梁也平衡。

6. 天平调好后，左右天平盘不能互换，用调好的天平称物体质量的方法：（1）铁块放左盘，砝码放右盘；（2）向天平盘加砝码要由大到小逐步替换；（3）铁块质量等于砝码和游码的质量数相加；（4）测量结束后，砝码放回砝码盒，游码移回零刻线。

……

师：观察、细致地观察才是聪明的眼睛，没有敏锐的观察力就谈不上聪明。所以有人就说：观察、观察、再观察！说明观察很重要。（出示投影片，介绍科学家法布尔观察小动物的故事。）正是由于他的认真、细致，他才完成了科普作品《昆虫记》。读过吗？没有读过的同学可以到图书馆借来读一读。

法国有位科学家名叫法布尔，他从小就喜欢观察、细致地观察。

“我拿了一些草，放在瓶子里，再往里面放进几只虫，还有蜗牛。这一切工作就绪以后，我就是耐心地等待，而且必须十分耐心，时刻注意瓶中发生的动静。哪怕是最微小的动作，也不能轻易放过。因为，事情的发生是在不经意的时候，而且，时间持续也不长，所以，要紧紧盯住瓶中的这些生灵。”

这里既有求解性的阅读又有拓展性的阅读。教学中，通过科学故事的形式介绍科学史上一些重大发现、发明过程，以激发学生对科学的兴趣，促进学生课外进行广泛的阅读，从而引发学生思维运转、知识获取、能力发展、情感提升。教学时，我们也应根据材料内容的不同特点，有侧重地加以挖掘，有计划地加以落实。在探究过程中，引导学生有针对性地开展科学阅读，有助于拓宽视野，加深对科学本质的认识。只有这样，学生的科学素养才能得到全面、可持续的发展。为此，我们要积极地、主动地探寻适合学生的科学阅读策略，选择适宜的科学阅读文本，成为推动科学阅读融入科学教育的关键所在。

（三）“用模型解释”教学片段

师：请同学们一起看大屏幕上的图片，告诉大家，你都看到了什么？

生：细细的枝干上长有绿色的叶子，还有红色的果子。

生：红色的果子像玛瑙一样。

生：枝干上的果实是一串串的。

生：枝干很细，上面有四只蚂蚁在上下爬行。

生：枝干上的树叶碧绿碧绿的。

生：枝干树叶还微微向上卷起。

生：树叶上还有一些叶凸（叶脉）。

师：看到这个画面，你们有什么想问的问题吗？

生：蚂蚁在干什么？

生：这个图片展现的是什么季节？

师：哪个同学能对他的问题进行说明？

生：我认为是夏天。夏天枝干上的果实都成熟了。

生：我也认为是夏天。夏天的时候，蚂蚁才会出来。

生：我认为是秋天，秋天树上才会硕果累累。

……

师：刚才，我们很多同学对这个同学的问题进行了说明，在科学上叫作解释。这些解释可能是合理的，也可能是不合理的。要进行合理的解释，必须搜集更多的事实，并结合已有的知识进行合理的思考。

师：看过法布尔的《昆虫记》吗？请看大屏幕上的这段文字。这段文字就是昆虫学家法布尔对刚才画面的描述。在这些文字中，哪些是他看到的事实，哪些是他的解释呢？

在接骨木的躯干上，成群结队的蚂蚁正在不断地上下爬行。那些向上爬行的蚂蚁似乎很卖力，向下的则显得很平静，挺着圆鼓鼓的肚子，不快不慢地走着。这其中的原因很容易弄明白：向下走的蚂蚁吃得饱饱的，肚皮鼓鼓囊囊，只好慢悠悠地回家；而上行的蚂蚁还饿着肚子呢，为了美味的食物，它们当然得奋力向接骨木的上部攀登。

乌申斯基就曾说过："比较是思维的基础。"要使学生对教学内容有深入的理解，教师要善于选取相关的教学资料，把内容或形式上有一定联系的读物加以对比，点燃学生的思维火花，由此及彼、求同求异，拓展延伸、组合积累，从而让学生牢牢掌握所学知识。比较性阅读，可以说是一切阅读理解和一切阅读思维的基础；只有细致地比较读物内容、形式、观点、方法、态度等，才可能使学生在更深入的基础上把握读物。否则，即使是浅层次的阅读实践，也将寸步难行，更不要说是深层次的阅读实践了。有关研究也表明，比较性阅读有助于提高思维的灵活性、深刻性、启发性、缜密性，激发思维的创造性。上述的教学片段中使用了比较性阅读。当然，比较性阅读又可以分为求同比较阅读（针对相同话题或内容选择资料、迁移拓展）和求异比较阅读（同中有异、异中有同的现象比比皆是）。这些都需要教师在教学活动中根据具体教学内容来确定。

四、我的教育情愫

雅斯贝尔斯在《什么是教育》中就有这样精辟的论断:“教育是人的灵魂的教育，而非理性知识和认识的堆积。”我也认为，这种灵魂的教育显然不仅仅是一种精神上的陶冶，或者是向善之心的提升，它更是一种对真理的追求、对独立人格的向往和对法治的践履。每个人的生命都是独一无二的、凸显个性的整体。教育，就是提供一种可能，改造“人”，但是不分割“人”。

因此，我梦想有一天，我们的教学可以为学生提供更多的“增强成就感”的机会；我梦想有一天，我们的教学可以为学生的全面发展提供更多的帮助和支持。这对学生形成“健全人格”将大为有益，也为他们将来不断地提高与发展奠定基础。

在进行小学科学教育、教学的过程中，我们就应该不仅仅关注学生的科学知识和技能的获得，关注学生科学学习的过程、方法，更要关注学生在学习过程中获得的情感态度和价值观的发展，时刻注意学生个性和情感的变化，使他们在生活、学习中产生积极的情绪、情感体验。用爱因斯坦的话说，就是“用专业知识教育人是不够的。通过专业教育，他可以成为一种有用的机器，但是不能成为一个和谐发展的人”。因此，我们要最大限度地实施“人”的教育，培养有爱心、有尊严感、关怀社会、有独立思考能力的人，这才是教育的核心。

荀子说，“路虽远，行则将至”。对此，我深信不疑。缘于对学生的爱，缘于对科学教育的追求，我会带着责任上路，带着激情上路，带着思考上路，更带着新的目标上路，将路上的辛酸、心灵的困境化作坚定的信念，走得更远、更远……

喻旭初

1941年生于江苏宜兴，1963年毕业于江苏教育学院中文系，1977年任南京十中语文组长，1981年夏赴广西百色进行教学交流。后任全国中语会理事、南京市中语会会长。1992年获南京教育局颁发的“行知教学奖”，1993年被国家语委授予“语言文字工作全国先进个人”称号，1994年被评为江苏省语文特级教师。2003年退休后被返聘继续执教至2014年。中国民主促进会会员，曾任民进南京市委副主委、江苏省叶圣陶研究会副会长。

在求真的路上踏实前行

我 1941 年出生于江苏宜兴。父亲小学水平，母亲文盲，家境清贫。1963 年从江苏教育学院（现江苏第二师范大学）中文系毕业后，分配到南京十中（现为金陵中学），执教语文 51 年。先后任校语文组长、南京市中语会会长、江苏省青少年写作研究会会长、苏浙赣三省 18 校语文研讨会会长、全国中语会学术委员。

我没有理论专著，只出了两本书《求真学步集》和《高中作文十五讲》。令我欣慰的是，我和同事合编的《古代文化知识精讲》等三本语文普及性小册子，因受到广大师生欢迎而被评为“全国优秀畅销书”。另外，我先后到 70 多所中学讲课，有机会跟广大一线教师进行交流，令我终生难忘。

从 1994 年被评为江苏省语文特级教师起，我就对“特级教师”有了比较清醒的认识：这不是学术头衔，而是荣誉称号。“特级教师”是个偏正词组，核心是“教师”。这就意味着必须在人品好的前提下，把课上出特色、上出水平。我无法做到每节课都精彩，但努力上好每一节课、教好每一个学生，是我的基本职责。

一、从意想不到的事说起

大概是2003年，傍晚，有人敲我家门。开门一看，是位陌生人。我问："请问你找谁？"回答说："找你。"我说："我不认识你。"他说他从电视上认识了我。我问他找我有什么事，他说他女儿由南京转学到启东上高三，会考两门没过，让我帮忙找人辅导。我说："我无法马上答应你，我还要找人，还要看人家愿不愿意、有没有时间。"他突然潸然泪下："算我求你了！如果我女儿会考通不过，就没资格参加高考。我也不指望她能考多好，只要能考个大专就行了，不然，我们全家就没有希望了……"说着说着，他咚的一声跪了下来。一个一米八左右的彪形大汉，就这么跪在我面前，我大为震惊！"男儿膝下有黄金"，按老传统，男子汉是不能轻易下跪的；而这位家长，为了孩子，竟在一个陌生人面前下跪，可怜天下父母心啊！我赶忙把他扶起来，连连对他说："你不能这样，有话站起来慢慢说。"我让他留下联系电话，答应第二天到学校找相关老师商量。我校一位物理老师、一位生物老师听说这事后深为感动，愿意为他女儿辅导。后来，她女儿会考补考终于过关了。这件意想不到的事给我的印象太深刻了，留给我的思考也很多。

还有件意想不到的事。大约2007年，我校把被提前录取的20多名保送生单独编了个"0班"。"0"既表示前一阶段任务的完成，又象征新的起点。校领导安排我教该班语文，教学内容由我自定。我在第一节课上提了三个问题：第一，"你们对喻老师刚才向你们九十度鞠躬的还礼，有什么看法？"没有人回答。第二，"到目前为止，你认为自己存在的主要缺点是什么？"有二人答"不知道怎么跟同学搞好关系"，有二人答"离开父母不知道怎么生活"，有一人答"我缺少人生经验"，有一人答"我比较懒"，还有一人答"我还没有想过这个问题"。第三，"你们刚才的回答有个共同点，请问，这共同点是什么？"没有人站出来回答。于是，我对他们说："不知道怎么跟同学搞好关系，属人际关系问题；离开父母不知怎么生活，属自理能力问题；懒、没有想过自己的缺点，属自我认识问题；喻老师向你们九十度鞠躬，属文明礼貌问题。你们学习成绩优秀，是本届高三学生中的佼佼者，受到表扬理所当然，但你们有个共同的缺憾，那就是人文精神缺失。”对此，在座的所有学生没有公开表示异议。在另一节课上，一进教室，我发现几乎每位学生都在埋头做练习或看书，黑板上全是上节课老师的板书却没人去擦。我没有说话，而是走过去把黑板擦得干干净净，然后转身面向同学说：“老师当然可以擦黑板，问题是，为什么你们没有一个人想到上来帮老师擦？”没人说话。我严肃地宣布：“你们在今天的测试中全部不及格。”下面有人小声嘀咕，似乎有点不高兴。我接着说：“你们学习成绩好，值得肯定，但你们缺乏责任感。退一步讲，不说责任感，站在你们面前的是一位60多岁的老人，从尊敬师长的角度，把黑板擦一下，总应该吧。看来，除了文化知识和考试，你们该学的东西还很多。”此时，教室内一片寂静。

上述第一件事使我看到当下，第二件事让我想到未来。目前，多数家长是功利的，他们要孩子通过“上学”找到个人出路，进而改变家庭命运，这很现实；但教育又不能只讲功利，它必须在育人中创造民族的未来。但如果光有知识，能上一个好学校，却缺乏人文精神，没有责任感，也不可能有美好未来。世俗的价值观，合情；理想的价值观，合理。我该作何选择？面对现实，我只能做到：在“求真”的前提下，努力在两者之间寻求平衡。

二、生命在课堂

我上了51年课，绝大多数课记不得了，而有些课至今难忘，比如下面这些课——

（一）从我做起

大约从 50 岁开始，我每接一个高一新班，第一堂课都是这么上的：

学生起立后，我向学生九十度鞠躬，学生坐下后，我说："礼貌是文明的体现，很重要。刚才有些同学的敬礼不够规范，今后应该像我一样，不光是对喻老师，对任何老师都应如此。"在介绍并解释了我的姓名后，我以真诚的语调说："衷心祝贺你们考进了金陵中学，由少年时代迈入了青年时代。现在你们面临许多新情况：一是环境不同了，二是同学不同了，三是老师不同了，四是学习内容不同了。你们要尽快适应。不过，在我看来，首先要明确自己的目标。你已经是高中生了，应该对自己提出新的要求，我对自己就有要求。"说着，我在黑板上用正楷体规规矩矩写了"求真、好学、务实、守信"八个大字。"这就是喻老师对自己的要求。这四个词是同一结构方式，请问是主谓、并列还是动宾？"有男生在下面说："是动宾。""很正确！都是动宾结构。现在我来解释一下。求真，追求真理，就是说真话，做真人。好学，热爱学习，就是认真地学，学一辈子。务实，讲究实际，就是做实事，求实效。守信，坚守信誉，就是说到做到，兑现承诺。这四个词，既是做人的准则，也是求学所必需。请同学们对我进行监督。如果我在某个方面做得不好，或者根本就没做，欢迎大家不要客气，及时对我提出批评。"此刻同学们的眼睛都看着我，一声不吭，十分安静。我微笑着说："你们可能会问，你真的能做到吗？这四个词是我对自己一辈子的要求。就眼下来说，我要求你们做的事，我首先要做到。"接着，我对学生提出：（1）起立敬礼要规范；（2）坚持使用普通话；（3）回答老师提问要立即起立，声音响亮；（4）作业要独立完成，并写清楚每个字；（5）对作业中的错误要及时认真订正。最后，我向他们提了一条希望："请同学们像我一样，也对自己提出要求，不一定是几个字或几个词，一句话也行，如果愿意交给我看，我会很高兴。"

有学生在后来的作文中提到我的“第一堂语文课”，说从来没有老师这么做过，老师先对自己提要求，然后再对我们提希望，很亲切，好接受。我这样做，是改变老师的居高临下，拉近跟学生的距离。以“从我做起”引导学生，一开始就注意培养学生听、说、读、写的各种好习惯。

（二）感情引领

执教第二年，教都德的《最后一课》，我是用范读课文来启发学生理解课文内容的。学生刚坐定，我说：“我跟你们一样，喜欢读故事。在我读过的故事中，有个故事让我至今难忘，这就是我们今天要学的《最后一课》。下面我为大家朗读这篇课文，请同学们注意故事中各种人的感情。”在读到“孩子们，散学了”时，我仿佛成了韩麦尔先生，眼含泪花，声音哽咽，向学生缓缓地挥了挥手，随即转过身去，在黑板上写了“法兰西万岁”五个字。此时，我成了韩麦尔先生。我用 18 分钟左右的时间读完全文，教室里一片寂静。大约半分钟后，同学们响起了热烈的掌声。我缓过神来问学生：“你们为什么鼓掌？”有学生说：“老师读得太好了！”我说：“不是我读得好，而是老师被故事感动了。”接着，我问学生：“你们觉得故事中的小弗朗士和韩麦尔先生是什么感情？”有学生说：“小弗朗士他们亡国了，我很难过……”几个学生几乎同时说：“他们很痛苦。”我问：“为什么痛苦？”学生答：“他们不能再学法语了。”我接过话说：“你们说得很好，这就叫亡国之痛。”我分别请两位学生朗读有关韩麦尔先生和小弗朗士的片段，提醒他们注意相关的动词和形容词，读出感情。他们读完后，我问：“他们读得怎么样？”有学生说：“没有把痛苦的感情读出来。”“好，那就请你来读。”他读的比前面的学生好一些。我肯定了他的优点，然后具体指导学生该如何在朗读中把握好亡国之痛的感情。这节课没有做人物性格分析，而是在反复体会作者感情的朗读中弄懂了小说的主题，从而给学生留下了很深刻的印象。

教《雷雨》时，我让学生预习后细心听朗读。我与几位同学分饰剧中角色。

我演周朴园，杨玫同学演鲁侍萍。我们都很投入，读至动情处，杨玫同学声泪俱下，对我（周朴园）连连责问，把全班同学完全带入了剧情之中。此时，我俨然成了周朴园。

在教何其芳的抒情诗时，我以欢快的感情，纵情朗诵“生活是多么广阔，生活是海洋，凡有生活的地方，就有快乐和宝藏”。此时，我成了诗人。

（三）讲透词义

教郭沫若的诗《天上的街市》，我抓住诗中的“朵”字大做文章。原句是：“你看那朵流星，怕是他们提着灯笼在走。”我问学生：“这句诗中的‘朵’字是否用错了？”多数学生认为没有用错，但说不出什么道理。我抛出三问：“‘朵’是个量词，一般用来说什么？”学生说“花”。“花带给你什么感觉？”学生答“美”。“诗人用‘朵’来修饰‘流星’，说明流星与花有相似点，那么相似点是什么呢？”学生们终于领悟了：“流星跟花一样美。”我又补充提了个问题：“为什么说流星跟花一样美呢？”学生说：“因为流星是带着光亮从天空中飞过去的，很好看。”我趁热打铁作了归纳：“可见诗中这个‘朵’字不仅没有用错，而且用得很恰当、很形象，同时也符合诗歌必须语言优美的要求。”课后三位外校来听课的老师围住我，其中一位问：“对‘朵’字的分析，你是从哪里看来的？很有新意。”我说：“是你们逼出来的。”大家都笑了。

高一教《纪念刘和珍君》，在讲到“以我的最大哀痛显示于非人间，使它们快意于我的苦痛”时，我说：“对于刘和珍等爱国青年的遇害，鲁迅先生表达了‘最大的哀痛’，而当时的军阀政府及其帮凶，却因此感到‘快意’，他们还是人吗？不！他们不是人，是畜牲！”边说边狂拍讲台。听我言，观我情，学生彻底明白了鲁迅之所以用“它们”称军阀政府及其帮凶的缘由了。

（四）设问启思

大约20世纪80年代后期，剧作家陈白尘把鲁迅小说《阿Q正传》改编成了话剧，江苏省话剧团把它搬上了舞台。戏演完后，幕布徐徐落下，舞台上出现了由演员扮演的鲁迅。他面对观众，吸了口烟，然后说："阿Q已经死了，但他并没有断子绝孙。"

我在课堂上把上述情景向学生作了介绍后，模仿鲁迅的样子，从讲台上拿起一支粉笔当作香烟，左臂轻抱胸前，作吸烟状，然后缓缓地说："阿Q已经死了，但他并没有断子绝孙。"此时，我似乎就是鲁迅。接着，我对学生说："日本文学界对陈白尘改编的《阿Q正传》的结尾评价很高，认为鲁迅并未说过的那句话意味深长。我请大家想一想，'意味深长'在哪里？"这引起了学生很大的兴趣，也让他们陷入了深深的思考。课堂上七嘴八舌，课后，对这一问题的讨论仍在进行，最后，大家达成了共识：这句话之所以"意味深长"，是因为它提醒我们，阿Q的生命虽然结束了，但他愚昧的幽灵仍在中国大地上游荡，只有持续不断地清除阿Q的精神胜利法，才能振奋民族精神，推动社会不断进步！

（五）思想熏陶

2005年至2007年，我为高一学生开"人文精神漫谈"的选修课，每周一次，每次两节课。在"人与社会"这一部分中，有一讲是"正义"。在这节课上，我首先对什么是正义作了简明的理性阐述，然后怀着沉痛的心情，详细介绍了"文化大革命"后期被残酷迫害而牺牲的张志新的事迹。学生听得很专注。最后，我声情并茂地朗诵了我在备课时写的献给张志新的诗：

他们使你结束了生命

你使他们失去了生命的重量

思想无罪

勇者无惧

你的头顶闪烁着正义的光芒

他们割断了你的咽喉

你使他们被钉牢在耻辱柱上

精神不灭

英灵不朽

你永远昂首笑迎真理的太阳

专制者总想愚弄民众

先驱者倡导思想解放

阴云短暂

晴空长久

人间终将是民主和谐的天堂

课后我并没有布置学生写文章，但仍有几名学生主动写了听课感想交给我。他们表示要向张志新烈士学习，从小就要伸张正义，为真理而斗争，这令我深为感动。

（六）即兴发挥

大概是 80 年代后期，有一次我在东课楼大教室教契诃夫的《装在套子里的人》。在引导学生搞清了小说的主要内容、别里科夫的性格特征及其象征意义后，已 40 分钟过去了，我突然停止讲课，慢慢走到南面的窗口，打开窗子，让外面的风吹进来。同学们不知道我想干什么。我倚在窗边，双手交叉，做沉思状。几秒钟后，我走回讲台说：“我想起了契诃夫的另一篇小说的结尾，女主人公走到窗口，打开窗子，深深吸了口新鲜空气，心中呼喊：新生活万岁！请问有谁知道这篇小说的名字？”无人回答。我说：“不知道也没有关系，每个人的阅读面都是有限的。我告诉你们，这篇小说的名字叫《新娘》。我为什么会想到它呢？因为教室里太闷了，有点像别里科夫辖制了十几年的人们所感觉的那样。要铲除滋生别里科夫式的人物的土壤，要创造和迎接新生活，就要跟别里科夫式的人作长期的斗争。让我们记住新娘的心灵呼唤：新生活万岁！”最后五个字，我是怀着激情大声说的。我在同学和前来见习的60多位南师大学生的热烈掌声中结束了这堂课。

课后，南师大见习生留下来，听我讲教学设计。好几位见习生说，这节课的结尾太令人难忘了，没想到课还可以这样上。我说：“这是我的即兴发挥，上课前并没有想到。沙皇政权扼杀人性，别里科夫既可恨也可怜，他也是被沙皇专制制度迫害的。受压迫的人们渴求解放，而一切解放，归根到底是人的解放。什么是人的解放？按马克思的说法，就是‘把人的世界和人的关系还给人自己’。别里科夫所处的环境不是‘人的世界’，他与众人的关系也不是真正的‘人的关系’，所以必须改变。上好一堂课，要认真准备，在引导学生理解课文的过程中，要拓宽他们的视野，同时要调动自己的储备，我最后的即兴发挥可以说是对我阅读储备的一次调动。大家不要忘记：新生活万岁！”

（七）心灵交流

这是一堂作文讲评课。班上一名女生写了篇《芝麻，开门吧！》的作文。该生一贯努力，但成绩就是上不去。她在文中把自己写成一个脖子上挂了钥匙的孩子，就是无法打开家门。面对知识宝库的大门，她发出了无奈的呼喊：“芝麻，开门吧！”我用沉重的语调读完这篇作文后，教室里响起了热烈的掌声。我说：“你们鼓掌，说明你们跟文章发生了共鸣，也说明这篇文章写得很真实、动人，这当然很好。但你们有没有想过这篇文章给你们的另一种感觉？”下面立即有同学说：“苦涩，情绪比较低沉，心里不太好受。”我说：“对，这正是它的不足之处。”接着，我讲述了自己在“文化大革命”初期挨学生批判的痛苦经历。学生们听得很专注，教室里一片寂静。我说：“当时我找出了自己在玄武湖迎着北风拍的一张照片，在背面写了这么一行字：‘不管生活对我怎样，我始终以微笑面对它。’跟你们一样，我在不少问题上也很脆弱。现在，我用伏契克的这句名言，跟全班同学共勉，希望大家永远以乐观的态度面对人生，面对学习道路上的困难。”我与学生真诚的心灵交流，激起教室里又一次响起了热烈的掌声。

（八）给点温馨

2013 年，我在本校国际部中美班上了一堂令学生和我自己都难忘的课。

离上课还有两分多钟，班上一男生向办公室里的我招手。我问：“是叫我吗？”他点点头。到了身旁，他温和地请求：“老师，能不能给我几分钟，我要讲一件事。”我立即说：“可以。”

随着上课铃声响起，那位男生走进教室，站到讲台前，向下面的同学摆了摆手说：“请安静！我要告诉大家，今天是周皓月同学的 18 岁生日，我们为她庆祝一下，好吗？”许多同学应和：“好！”有男生说：“要点生日蜡烛。”主持的男生说：“不行，这是教室。现在，我们为她唱生日歌。”全班很整齐地唱起了“祝你生日快乐……”。“现在请周皓月上台为我们讲几句话，欢迎！”周皓月在掌声中走上讲台，深情地朝主持男生看了一眼。这时，有几个男生哄逗起来：“亲一个！亲一个！”站在教室门口的我，万没想到会这样，心里直扑腾：“如果真亲她，怎么办？这可是课堂啊！”但同时又想：“既然我同意他讲话，就得尊重他，一切顺其自然吧。”学生还是很理智的，周皓月对同学们的祝贺表示感谢之后，跟主持的男生拥抱了一下，两人彼此用手拍了拍对方的背。此时下面响起了热烈的掌声。主持人接着说："现在请大家吃生日蛋糕。"他考虑得很细心，特请另一位男生给每个人发了一把一次性的塑料小勺子。这时他做了一个"请"的手势，礼貌地对我说："现在请老师上课。"

我微笑着走向讲台说："现在，大家边吃蛋糕边听我讲课。"我接着说："吃蛋糕是甜蜜的，欣赏好文章同样是甜蜜的。前不久，我布置给大家就'对一句名言的异议'这个题目写篇文章，不少同学写得很好，现在我们来欣赏其中的几篇。"三位同学先后上台朗读了自己的文章，每听完一篇，同学们都报以掌声。听了三篇佳作，我请同学们发表意见。大家都说写得好，我问："好在哪里？"有同学说："他们都有自己的见解。"我在肯定之后，在黑板上写了"独立的精神"五个字。我又问："他们在写法上有什么值得我们学习的呢？"有学生说："他们各有各的写法，都不错。"我肯定了这样的回答，转过身去在"独立的精神"下面写了"自由的表达"五个字，并接着说："要写出好文章，就应该有独立的精神、自由的表达。从这次作文中，我发现我们班真的是藏龙卧虎，不少同学很有水平，有些文章写得比我好，可以做我的老师。我应该向他们学习。"我在黑板那一端用正楷写了"教学相长"四个字，并解释说："这是古人的话。老师和学生各有所长，应该互相学习，彼此促进，一同成长。你们说是不是？"不少同学似乎有点不好意思，但脸上都洋溢着笑意。

蛋糕吃完了，作文评完了，我有点激动地说："这堂课很有意思，开头几分钟，大家为一位同学过生日、吃蛋糕，这是物质享受；接下来的半个多小时，大家聆听了三位同学的佳作，总结了他们的共同优点，这是精神享受。我以前从来没上过这样的课，你们恐怕也是第一次。让我们永远记住这堂课！"巧得很，此时下课铃响了。我微笑着对大家说："下课！"同学们整齐地起立："老师再见！"这堂课之所以至今记忆犹新，是因为师生双方都感受到了一份温馨。

（九）四个坚持

我的课堂教学，常常因课而异、因班而异，不断变换教法，但以下四条雷打不动，始终坚持。

1. 积累词汇

每教完一篇课文，我都要教学生抄词，高三也不例外；不仅要学生抄得对，而且字要写得好。高中三年下来就累积了很多词汇。我还利用早读，让学生听写成语，每次 25 个，听写完了，同桌互改。三年共听写了一千多条成语，即使遗忘一半，仍能记住几百条成语。这一做法，很受学生、家长欢迎。

2. 背诵名句

课文上规定要背的古诗文，先由我与学生一道反复朗读，读得流畅，读出感情，然后叫学生及时默写。另外，每个早读（与听写成语交叉进行）背诵、默写 10 条古诗文名句，当堂批改，每条 10 分，共 100 分。对比较著名的古诗文名句用多次默写的方式加以巩固，为学生不断补充传统文化营养。

3. 口语训练

开始的几年，每节课由一位学生演讲，后改为每周用一节课对学生进行口语训练。

先要让学生讲规矩：(1) 上台后要向大家鞠躬；(2) 用普通话；(3) 要报演讲题目；(4) 讲完了要说“谢谢大家”，并鞠躬。

就内容和语言而言，我提出如下要求：(1) 中心要明确；(2) 内容实在，少说空话；(3) 用通俗的口语，使大家能听懂你所说的每一句话。

每节课有 8 位学生上台演讲，每人 4 分钟左右。学生讲完后，我从立意到用词，从标题到礼仪，对学生逐个打分并作点评。通过两年多的训练，大多数学生的口头表达能力不同程度地得到了提高。

三年的口语训练，我是这样安排的：(1) 高一：自我介绍，令我尊重的一个人，一次难忘的经历。(2) 高二：向大家介绍一篇自己喜爱的文章（或一首诗），向大家推荐一本自己爱读的书，谈自己的一点读书体会。(3) 高三：评论一种社会（或文化）现象，评论一位人物（历史上的或当代的），即兴发言（我事先出两个题，学生任选其一，当堂发言）。

4. 整理笔记

每教完一篇文言文，我都要叫学生整理一次笔记。内容包括：(1) 词法：实词释义、实词活用、虚词。(2) 句法：判断句、省略句、倒装句等。(3) 常识：本课涉及的作家知识和相关的古代文化知识。(4) 名句：本篇中精彩的句子。第一次由我在黑板上示范，第二次起由学生按我的要求和书写格式自行整理。到高三毕业时，每位学生不仅养成了整理笔记的习惯，而且拥有了一份完整的高中文言文复习资料。

四个坚持，让学生逐步养成了积累词汇、认真书写、诵读经典古诗文、正确进行口语表达、及时整理笔记的习惯。这些都是基本功，练好了学生终身受用。

我始终不忘语文之“本”，一贯突出语言文字的学习与运用，不求花哨，不搞形式，凭一颗爱心、一股热情、一张嘴巴、一支粉笔，努力上好每节课。就一节课而言，目标简简单单、条理清清爽爽、训练实实在在、学生所得的感悟真真切切，这就够了。从 1976 年至 1996 年间，我就是这么过来的，很自由，很轻松。

三、说我能说得清的话

20 世纪 80 年代中期某一年，高一新生第一篇作文收上来，我选了三篇作文，让学生轮流上来读。

读完以后，我说：“某某同学，请你站起来回答我一个问题。你文章里的

‘我们’是谁啊？”

他没想到会问这样的问题，说：“‘我们’就是我们嘛。”

我说：“那我问你，‘我们’是单数还是复数？”

他说：“复数啊。”

我说：“既然是复数，那就不是一个人，有你也有其他人。”

他说：“我就是这个意思。”

我接着说：“问你第二个问题，既然有很多人，那你能不能代表他们？”

他没有回答。

我说：“恐怕未必能代表他们。你们发现喻老师从上课到现在用‘我们’这个词了吗？上课都用‘我’，我认为，我觉得，我体会到，我对你们说。‘我们’对你们说，不会这样吧？喻老师上课不用‘我们’，因为我只代表我，讲得好玩一点，我只能代表我全身的细胞，我不能代表任何人。我的话是我的观点，是我的情感，是我的体会。说对了，我很高兴；说得不对，我个人负责。”

该学生一直听我讲，没说话。

我说：“没关系，我没有责备你的意思。请坐。我建议你们在这一点上向喻老师学习，讲话、写文章用‘我’，不要用‘我们’。用‘我们’，一种可能是习惯，还有一种，用‘我们’，就觉得有很多人支持我，我可以讲大话、讲套话。”

我始终认为，这看似是人称代词的使用问题，实质上是个有无责任感的问题。经常用‘我’，有利于培养学生的独立思考的能力和勇于担当的责任感。

在我看来，用“我”表达，是自我尊重，是有独立精神的体现。我就是我，我不跟别人争，只与自己比，不图第一，但求唯一。我比原先有进步，就好。我用“我”说人话，说真话，说自己想说的话，说自己能说清的话，说别人能听懂的话，绝不说假话、大话、忽悠人的话。

长期的实践告诉我：基础教育没什么复杂，就是尊重常识，狠抓基础，守住底线，中小学不培养“天才”，只培养正常的青少年，要求太高，常常落空，实事求是，往往成功；教师的使命在课堂，教育的成果看学生；语文课要有语文味，语言文字的运用是重点。

我始终只做一件事：专心致志教语文。

我庆幸自己扎根一线，永接地气，在求真的路上前行了半个世纪，留住了教育质朴的美丽。

袁卫星

深圳市宝安中学（集团）校长，苏州新教育研究院新生命教育研究中心执行主任，中学语文特级教师、正高级教师，全国教育改革先锋教师，广东省中小学名校长工作室主持人、名教师工作室主持人，广东省中小学德育指导委员会委员，华南师范大学、深圳大学硕士生导师，深圳市地方级领军人才。2019 年入选中国教育学会“未来教育家公益培养工程”，2020 年入选“新教育 20 年 20 人”，2021 年获广东省基础教育教学成果奖特等奖，2022 年获基础教育国家级教学成果一等奖。

生命教育：让教育找到归家的路

很多时候，我把自己整个地交给音乐，交给门德尔松、舒伯特，交给魏因加特纳、卡拉扬，交给帕瓦罗蒂、多明戈……我希望在音乐长河的缓缓流淌中，有一条古典、纯美的游鱼不会因物质而搁浅，不会被世俗所猎取。

其实在日常生活，尤其是教育中，我也是一条快乐的游鱼，有着湿润和滑腻的幸福的外衣，有着时时浮现的内心欢乐的绯红。

32 年的教育经历让我感受到，用生命唤醒生命，用生命润泽生命，用生命温暖生命，是一件多么有意义而且幸福的事。

一、用生命唤醒生命

教育是一种唤醒，这不是我说的。德国教育家斯普朗格（Spranger）说过：“教育的核心是人格心灵的唤醒。教育的最终目的不是传授已有的东西，而是要把人的创造力量诱导出来，将生命感、价值感唤醒。”我非常同意这样的观点。我本人就是教育唤醒的最好例子。

我生于1970年。这个年代出生的人，接受理想化的东西多一点，对2000年实现“四个现代化”的宏伟蓝图充满向往。因此到现在，我都是理想主义者，甚至理想得有些过了头，成了幻想。这就有了工作和生活中的许多痛苦，有了性格命运中的悲剧因素。

我小时候的理想是做个军人。这不仅是因为我父亲是军人，更重要的是那一套绿军衣、绿军帽在我拍人生第一张照片的时候武装过我。尽管部队没有去成，但在骨子里我把自己看成军人，以父亲为偶像，直到今天，我在风一样走路、雷一样做事的时候，还常常有这样的幻觉：我是一名军人。

读初中开始，我有作品在报刊上发表。拿到稿费对于贫寒的家庭来说是一件令人振奋的事，这时候我便有了人生的第二志愿：当不了军人就当作家。父亲不反对我拿稿费，但反对我当作家。反对的后果是高中毕业我愣是进了师范，用父亲的话说：“现在可以吃安稳饭了。”

毕业分配，放弃留校的我被家乡文化局看中，要我去搞专业创作。肺病严重的父亲咯出血来力阻，孝顺的我二话没说回了中学母校执教鞭。可“人生不如意事十之八九”，在我工作不到三个月时，父亲竟撒手人寰。我悲痛至极，拾起笔来，写下许多欲哭无泪的文字。浑浑噩噩地过了三年，我在父亲坟上磕过三个响头之后，还是以“借调”的方式去了市文化局任创作员。在文化圈里，我是如鱼得水。当我成为作协会员并有幸向陆文夫、范小青等知名作家当面讨教的时候，我有一种类似于在那艘著名的沉船船头“飞”的感觉。

然而，天有不测之风云，正当风动我帆、水扬我心的时候，一份《莫让优秀青年教师流失》的政协提案把我以行政命令的形式急召回课堂。面对曾经的出发点和眼前的停泊地，把钢笔换回粉笔的我有一种“迷不知吾所如”的感觉。恰在这个时候，一位裤管挽得高高的农民，给了我睿者的指引。

那是一个细雨的午后，这位农民父亲打着土布的雨伞来找他的孩子。这是一堂寻常的语文课，课开始仅有五分钟。我说：“有什么急事，你把孩子叫走吧。”那位父亲连连摇头：“这怎么可以？这可是语文课！让他听完这堂课我再带他走。”于是，这堂课有了一位特殊的听众——一位打着土布雨伞站在教室外边滴雨檐下的父亲。于是，这堂课我上得特别投入，就像一位高超的琴师，在50多名学生的心弦上拨弄了一曲……

从此，我踏进课堂的第一个念头就是：这堂课是我也是学生乃至学生家长生命中不可或缺的一部分；当我和我的学生回首往事的时候，不应当为这堂课的平庸苍白而惭愧，也不应当为这堂课的碌碌无为而悔恨。从此，我走下讲台的第一个问题就是：今天这堂课，学生收获了没有，我收获了没有；课的哪一个环节处理得特棒，哪一个环节还有待提高？从此，我尘封起我的作家梦，把人生航向修正为：做一个特立而不独行的语文教师，记住学生，并让学生记住。

——这一年，已是1996年，我把它看作我教育生涯的真正开始。

1996年8月，又是一纸行政命令，把我从中学母校江苏张家港市凤凰中学调入国家级示范高中江苏省梁丰高级中学任教。调入梁丰不久，时年26岁的我就在一次由学校领导主持的青年教师座谈会上喊出了“学校给搭多长的梯，我就能登多高的楼”的口号，学校领导当即应了一句：“你要登多高的楼，学校就搭多长的梯。”这真的是一拍即合。这一年，我成为市教坛新秀；第二年，成为市教学能手；第三年，成为全国中语会教改研究中心理事；第四年，成为市学科教改带头人；第五年，成为市首届名教师；第六年，31岁，“双破一拔”，成为全市最年轻的中学高级教师……其间，全国中语会、全国青语会及《语文学习》《语文教学通讯》《江苏教育研究》等分别以“教坛新星”“封面人物”专栏等形式向语文界、教育界推介我。

从1998年开始，我每接一届学生都要进行一项“传统写作”——《感悟亲情》。教98届学生时，我先把我发表在《中国校园文学》上的“下水作文”《一杯薄薄的思念》读给他们听，这是我追忆已故父亲的一篇纪念文章。然后，我让学生课后温习一下朱自清的《背影》和日本作家栗良平的《一碗阳春面》，那是我最喜欢读，也最喜欢教的两篇课文。我还推荐傅天琳的诗作《梦话》给学生："你睡着了你不知道 / 妈妈坐在身旁守候你的梦话 / 妈妈小时候也讲梦话 / 但妈妈讲梦话时身旁没有妈妈 /……"一石激起千层浪，一篇"下水作文"，两篇旧课文，一首小诗，以及寥寥的几句"串联词"，在学生心中激起了强烈的反响。这篇作文学生交得又齐又快。有学生后来在作文中写道："如果老师不布置我们写这篇作文，如果没有他作文前的那番'讲演'，我还一直以为父母亲为我做的一切是应该的，我无须报答。然而，我现在明白了，这十多年，我亏欠太多……"我没有像往常那样批改这篇作文，而是在看过一遍之后，发还给学生，并且告诉他们，希望他们把这篇作文寄给他们笔下的亲人，让他们的亲人来作出最好的评判。此后的一个多月里，我陆续收到学生家长的来信，谈他们读了孩子作文的感受：有的感慨万千，说孩子真的长大了；有的甜蜜无比，说十几年的心血没有白费；有的激动不已，说只要孩子懂，再苦再累也愿意……有的让我转信给学生，要和孩子一样，用笔作一次情感的交流。

奥地利精神医学家弗兰克尔（Frankl）博士经常问遭遇巨痛的病人："你为什么不自杀？"病人的答案通常可以为他提供治疗的线索。譬如，有的是为了子女，有的是因为某项才能尚待发挥，有的则可能只是为了保存一个珍贵难忘的回忆。利用这些纤弱的细丝，为一个伤心人编织出意义和责任，找到"充实"——这便是他的"意义治疗法"(logotherapy)。我想，为了让学生不再虚空，为了让学生找到充实，我们的教育能不能也来一些意义治疗法？这种治疗，其实是一种唤醒。唤醒，也是一种教育。

里尔克（Rilke）在《给一个青年诗人的十封信》中写道："请你走向内心，探索那叫你写的缘由，考察它的根是不是盘在你心的深处；你要坦白承认，万一你写不出来，是不是必得因此而死去。这是最重要的，在你夜深最寂静的时刻问问自己：我必须写吗？你要在自身内心挖掘一个深的答复。"教育归根结底是一种唤醒——唤醒自我，唤醒学生，引导自我和学生"在自身内心挖掘一个深的答复"。

二、用生命润泽生命

2003年，我在江苏翔宇教育集团任职。班上一名心理脆弱的学生因家庭原因在他的日记本上写下了遗书性质的文字，被其他同学及时发现并报告。作为语文老师和班主任的我在课前30分钟决定临时取消《陈焕生上城》一文的授课，改上《善待生命》。这堂课，我用台湾地区一个罹患软组织恶性肿瘤，并被截去一条腿的九岁男孩周大观的童诗《我还有一只脚》贯穿课堂。课堂所呈现的生命的韧性和弹性、所探讨的生命的意义和价值成功地挽救了这个学生的生命。

课后，我认真地思考这样一个问题：近几年，媒体关于中小学生自杀或者杀人的报道越来越多，也越来越触目惊心。这不，我也险些碰上一个！是什么原因要让孩子放弃自己如花的生命或者剥夺他人本不应被剥夺的生命呢？我的结论是：我们的学生正越来越多地处在生命焦虑的状态，而我作为教师，原来一直都只是在“教书”，而并不是真正在“育人”！原来我一直只做了个“教学生语文的老师”，而不是“用语文来教学生”的老师！

于是，我在语文教育教学的领域之外，开始“跳出学科看教育”，研究并实践“生命教育”。在生命教育理论与实践研究这条路上，我很庆幸的是，近20年来，一开始就得到了鲁洁、朱小蔓、成尚荣等先生的指点帮助，并和朱永新、冯建军、许新海、卢锋等人一路作伴。

我们成立新生命教育研究所来指导全国近200所新生命教育基地校，开设生命教育专设课程。我们组织编写的《新生命教育》《生命安全与健康》等实验用书贯穿小学一年级至高中三年级，在全国发行。由我主持的生命教育专设课程研究分别入选深圳市重大成果推广课题、粤港澳大湾区创新教育专项课题、教育部政策法规司委托课题，并于2021年获得广东省基础教育教学成果奖特等奖。

什么是生命教育？我们的理解是，以人的生命成长为主线，围绕人的自然生命、社会生命和精神生命展开的专门化的教育，旨在引导学生认识生命、珍爱生命、发展生命，拓展生命的长、宽、高，让有限的生命实现最大的价值，让每个生命成为最好的自己。这就是我们的一个核心理念。

人有三重生命，或者说，人的生命有三重属性。第一重是他的肉体生命，或称自然属性，生老病死，饮食生息，这是生命的长度；第二重是他的社会生命，或称社会属性，各种角色，权利义务，这是生命的宽度；第三重是他的精神生命，或称精神属性，超乎天地，思接千载，这是生命的高度。

我们认为，生命教育应引导学生，包括教育者本身，在生命“长、宽、高”方面达成以下目标：(1) 珍惜生命。了解个体身心发展的规律，掌握促进身心健康的方法；掌握日常生活中的技能，学会保护自己，形成良好的生活方式和行为习惯。(2) 热爱生活。熟悉开放的国际视野下与他人相处的法则；认识到个体生命的共在性以及他人存在对于自己生命的意义和价值；学会人与人之间和谐相处，相互关心、共同合作、彼此尊重、善于沟通；同情弱小，积极面对人际冲突，树立宽容意识；尊重人与人之间的差异，发展健康的人际关系；拥有个性化的积极力量，包括乐观、胜任感、自尊感、人际支持等。(3) 成就人生。能够不断进行生命的自我体验和省思，欣赏和热爱自己与他人的生命，珍惜生命的存在，期盼生命的美好，体悟生命的意义，并且能够把这种生命的关怀和热爱惠及他人、自然，具有人文关怀、民胞物与的胸怀以及宽广的人类情怀。

怎样开展生命教育？(1) 学科渗透。几乎所有学科都渗透着生命教育。有的显性，如体育与健康；有的隐性，如语文。(2) 主题教育。如青春期教育、心理教育、安全教育、健康教育、环境教育、禁毒教育、预防艾滋病教育、法治教育、慈善教育、生涯教育等。(3) 综合实践活动。比如，班团队活动，节日、纪念日活动，仪式教育，社团活动，社会实践，等等。(4) 校园文化。学校作为培养人的场所，其校园文化在启迪心智、确立人生价值等方面起着潜移默化的作用。

但就应试教育仍大行其道、生命教育空间逼仄的现状来说，我们呼吁形成以专设课程为主导，专设课程与其他课程的教学及各类教育活动有机渗透、相互配合、共同推进的生命教育实施机制，以使学生在专人指导下，从个人生活、学校生活、社会生活等各个方面，对生命问题进行较全面的了解，更好地理解生命问题产生的根源及可以采取的对策。可以考虑每周开设一节专门的生命教育课，和心理健康课结合在一起；也可以拿出班会课中的一部分，讲授生命教育内容，形成系列。

无论以哪一种方式开展生命教育，我们觉得最终还是围绕生命的长（自然属性）、宽（社会属性）、高（精神属性），结合身边的人、事、物来展开。

2017年，我被深圳市作为高层次人才引进，来到新安中学（集团）。在集团高妙添校长的支持下，我们成立了生命教育研究与指导中心。我们创设生命教育专设课程，使之持续化、常态化，进课表、入课堂，形成了以专设课程为主导，专设课程与其他课程教学及各类教育活动有机渗透、相互配合、共同推进的生命教育实施机制。

我们不放过任何一次对学生进行生命教育的契机。2018年9月，台风“山竹”肆虐深圳，在学校值守的我给学生写了一封信，寄语孩子们“心存敬畏”“学会思辨”“理解责任”。2019年10月，学校池塘里的小鸭长大后乱咬刚种下的睡莲，我向全校学生“求助”，公开征集“校鸭”管理办法，寻求解决鸭子和莲花的矛盾。2020年夏天，学校锄禾园瓜果飘香，我邀请五位博士，分别从生命教育的多个层面，为孩子们开讲“西瓜课”……我希望孩子们通过这些应时应景的主题教育，拓展生命的长、宽、高，真真正正“做自己，做好自己，做最好的自己”。

2020年年初，一场突如其来的疫情，实际上给我们所有人都补上了很好的

“生命教育”这一课。回过神来，我想我们每个人都应该思考生命的价值和生命的意义。我年三十返回江苏探亲，疫情来临，大年初一向全体老师发出利用网络给居家学生进行学习、生活指导的倡议，初三返回深圳，在全校教师的行动支持下，在全市乃至全省率先推出网课，让学生“停课不停学”。随后，我们又将教材和教辅加上文具和课外书，在第一时间快递到每一位学生，包括疫情最严重的老家在武汉的学生手中。我们推出“大疫面前，勇敢成长——青少年生命教育系列公益课”23讲，由朱永新、李镇西、冯建军、王一方、周国平、海蓝等专家学者联袂主讲，网上学习达到200万人次。我们编写《新生命教育（“抗疫”版）》全网免费发放，受益师生数百万……

三、用生命温暖生命

夏丏尊先生在《爱的教育》译者序言中说，教育“单从外形的制度上方法上，走马灯似的更变迎合，而于教育的生命的某物，从未有人培养顾及。好像掘池，有人说四方形好，有人说圆形好，朝三暮四地改个不休，而于池的所以为池的要素的水，反无人注意。教育上的水是什么？就是情，就是爱。教育没有了情和爱，就成了无水的池，任你四方形也罢，圆形也罢，总逃不了一个空虚。”

2018年，我初到新安中学（集团）第一实验学校（下文简称“新中实验”）任校长。7月的某天，我正在集团开会，九年级（1）班张凯文同学的爸爸给我发来短信，说凯文的中考成绩查到了，总分448（满分460），语文、数学、英语、理化、历史、体育全科A+，他还表示遗憾：“没有一模高。”我回信说：“祝贺！在我看来已经够优秀了！”会后回到学校，有老师激动万分地来找我：“校长，你知道吗？张凯文保持了一模、二模独占鳌头的优势，最终获得了全区中考总分第一名！”

开会的时候，我还接到另外一个学生家长的微信，也是报告成绩。她的孩子比凯文整整少考了100分，我同样祝贺了她，而且比祝贺凯文爸爸多了两个字——“热烈”。她也很高兴，因为孩子“终于有书读了”。原来，她的孩子进入初中尤其九年级后一直是被动学习的状态，到后来甚至开始自我放弃，三天打鱼两天晒网地来上课，课上还往往趴台。她说，是我的一个措施挽救了她的孩子。这个措施就是，我到任新中实验校长后，要求班主任将上课趴台的同学调至教室第一排。

我在教工会、班主任会、行政会上不止一次地和同事们说，每个孩子背后，都有一个充满期待的家庭，乃至家族；每个家庭乃至家族，都希望他的孩子“好好学习，天天向上”。我们对每一位学生的态度应当是不抛弃，不放弃！因此，我要求各位班主任把这样的学生调到教室第一排，调出对这些孩子的关注，调出孩子的自尊和自信来，让他们得到老师更多温暖的目光，得到老师更多言语的关怀，得到老师更多方法的指点，得到老师更多信心的鼓励。

我和我的同事们说，好的教育，势必要，也是势必能走进学生的心灵。走进学生心灵，前提是理解学生。现在的学生普遍处在生命焦虑的状态：首先是学业压力产生生命焦虑，其次是交往困惑产生生命焦虑，再次是青春萌动产生生命焦虑。走进学生心灵，关键是尊重学生。尊重学生就是最好的教育手段，一个不懂得尊重学生的老师，是难以走进学生心灵的。走进学生心灵，路径是帮助学生。苏霍姆林斯基说，教师要“在每一个学生面前，甚至是最平庸的、在智力发展上最有困难的学生面前，为他打开精神发展的领域，使他能在这个领域里达到顶点，显示自己，宣告大写的‘我’的存在，从人的自尊感的泉源中吸取力量，感到自己并不低人一等，而是一个精神丰富的人”。

我还不揣浅陋举了自己的一个例子。做初中班主任的时候，班上有一名学生功课不好，见到考试就害怕，常常借故“逃考”。尤其是数学考试，哪怕是小测验，也要提前两天“装病”，数学成绩可想而知。有一次又要考数学，我提前三天，从数学老师那儿“偷”来一份试卷。在我宿舍并不明亮的灯光下，我手把手地教这个学生答题，从头至尾，无一遗漏。考试的时候，这个学生把我教的忘掉几乎一半，但是还好，考了 71 分，这对他来说简直是破天荒的事！接下来的一次考试，我又“偷”到了试卷。但是这一次我告诉他：“这张试卷你自己去琢磨，我实在没时间教你。”于是他借了别的同学的听课笔记，翻了自己的教科书、练习册，甚至绕着弯子向班里的学习尖子问题。考下来，他得了 80 分，用数学老师的话来说，“简直是奇迹”！再接下来，他突然不要我“偷”来的试卷了。他说，他已经认真听课，作业一次也没落下过。我由衷地赞扬了他，并且用礼拜天整整一天的工夫，和他一起复习考试的那个章节。复习完，我把“偷”来的试卷交给他，让他亲手扔进纸篓……这一次考试，尽管他只得了 63 分，但挂在他脸上的，是长久以来从未有过的灿烂笑容。从此以后，他再没有逃过任何一次考试。第二年中考，他顺利地考上了普高……

我和我的同事们说，做老师的，做得好，可能成为学生生命中的“贵人”；做得不好，可能成为学生生命中的“罪人”。只要你有心做学生生命中的“贵人”，把学生当作自己的孩子来对待，你会想到比“偷试卷”更好的方法来帮助学生。我期待着同事们的故事。有一天，当我从校长的岗位上退下来，我希望我能说道的，不是一个个“中考状元”“优秀学子”“杰出校友”，而是一个个感人故事，尤其是尊重孩子、保护孩子、关爱孩子、唤醒孩子、转变孩子、发展孩子的故事。

现在看来，我这样做是对的，也是收到了效果的。你看，这个孩子就被“挽救”过来了；你看，他虽然不是“状元”，但他的初中三年，尤其是最后一个阶段，并不算虚度；你看，他也“终于有书读了”！他理应获得和张凯文一样的点赞和祝贺！

不仅是这个孩子，后来这样的例子还有很多。有一名在其他学校因为家庭影响产生严重抑郁休学三年的学生，不愿在原学校复学。在集团领导的支持下，在年级主任的关爱下，我校接纳了这名同学，从助力家庭教育、帮助家长成长、疏导学生心理抓起，最终这名学生不仅走出抑郁，融入家庭，融入班级，融入集体，而且学业进步非常快。今年中考，他已经被一所省内名校提前录取。

少年智，则国智；少年强，则国强。少年，是祖国的未来，民族的希望。为引导和激励全体中小学生自尊、自信、自立、成人、成才、成功，这几年，每年3月开始，宝安教育都会面向全区三四十万名中小学生开展“阳光少年”评选活动。兼具形象、心理、气质、故事等，具有美德、创新、智慧、才艺、活力、自强等品质，成为“阳光少年”的参评条件。三四十万名学生中，最终每年有十名“阳光少年”脱颖而出，真正的万里挑一。“敢于向市委书记建言的学霸”张凯文是宝安区第六届“阳光少年”，“酷爱创新的科技达人”喻子聪是宝安区第七届“阳光少年”，“以奉献为乐的小书迷”陈万坤是宝安区第八届“阳光少年”，“热心助人的实力派创客”吴迪是宝安区第九届“阳光少年”，“走上国际T台的未来模特”喻颜是宝安区第十届“阳光少年”。“阳光少年”，万里挑一。连续五年，连获五届。没错，这五位同学都来自我们学校——新中实验。五连冠，有人为之称奇，而我只是欣喜。

在我看来，比“阳光少年”更值得说道的是小睿。他是一名特殊儿童，患有严重的自闭症，智力仅相当于幼儿。家长发现他有音乐天赋，十多年坚持不弃。2017年，我校接收了这名孩子入学，随班就读初中。在师长们的鼓励和支持下，他进步飞快，架子鼓水平已经达到Rock School现代摇滚音乐六级水平。2018年参加第六届深圳打击乐比赛荣获“优秀奖”“最佳表现奖”“魅力鼓手”。2019年参加九拍中国未来之星广东赛获全省少年组铜奖（排名前十）。他是深圳市爱特乐团的主力鼓手，每年都参加深圳飞扬971电台举办的“星星音乐会”，还经常外出参加社会公益演出，2020年2月19日登上CCTV–3《向幸福出发》栏目舞台。在生活中，他学会了做些力所能及的事，例如洗衣服、晾衣服、拖地、煮饭、炒菜等。去年毕业的时候，他给所有的老师们画了一幅画，表达对老师们的感恩之情；同时还在学校慈善活动中义拍他的作品，拍卖所得用于支持留守儿童教育。他还获得了南粤少年之“深圳市自强好少年”称号。

小睿只是我校众多融合教育成功案例之一。他初中三年的经历说明，社会、学校、家庭需要为每个孩子的成长创造包容、共生、和谐、共享的环境，这正是我们学校努力创设和践行的方向。同时，小睿的成功，和前面五位“阳光少年”，以及更多的新中学子一样，证明了我们学校深入开展的“用生命唤醒生命，用生命润泽生命，用生命温暖生命”的生命教育是行之有效的。

如何关爱帮助每个学生，让我们的孩子都能沐浴阳光，我们现在形成了一些制度化的东西。

比如，定期家访，全面推行成长导师制。导师制实行双向选择和网格式管理，真正做到全员、全方位、全过程地对学生进行一对一的结对帮扶。

比如，新父母学校，助推家长成长；推出“新父母学习菜单”，开设“云校通”联系平台，开展“电影课”活动，开通 24 小时心理援助热线，开设特殊家庭教育工作坊，等等。

又如，延时服务，365 天不闭校。我们“文化立校”，把学校建成图书馆，把学校图书馆办成了宝安区图书馆分馆（也是深圳市最美校园图书馆），晚上开到 9 点，白天全天候开放，365 天不闭馆，还提供教师志愿者辅导服务。

再如，支教帮困，播撒希望火种。我以个人名义组织发起的“留守儿童公益群”一对一资助的留守儿童超 100 人，已连续资助超五年。除了捐赠物资外，我们还开展了暑期陪伴、送培送教、与留守儿童共读一本书等活动。近三年，我们为留守儿童捐赠的图书超过了 6000 册。

我的导师和我说，人生最大的需要，是被需要。社会需要你，你就有做不完的事业；他人需要你，你就有交不完的朋友；亲朋需要你，你就有享不尽的欢乐。被需要，是因为拥有独特的价值。这种价值，可以是一种能力，可以是一种担当，可以是一颗炽热而乐观的心。

曾有人问我，这几年，你每周七天到校，每天十二三个小时，甚至十五六个小时在校，是怎么做到的？

我没有回答。其实答案是有的。那就是，我觉得学校需要我，学生需要我，老师需要我，家长需要我。要让学生开心、老师舒心、家长放心，任何时候，咱都得尽心、用心。

张 悦

浙江省宁波市效实中学校长、党委副书记，中共党员，哲学博士。中小学正高级教师（专技二级），高中语文特级教师，享受国务院特殊津贴。获全国五一劳动奖章、浙江省劳动模范、国家万人计划“教学名师”、浙江省万人计划“教学名师”、全国优秀语文教师、全国中青年语文教学课堂教学大赛金奖、全国“做人民满意的教师”演讲大赛金奖等荣誉。社会兼职有全国中语会理事、宁波市特级教师协会副会长、宁波大学硕士生导师和客座教授、宁波市领军拔尖人才工程（第一层次）导师等。长期致力于“知识、生活与生命共鸣”理想课堂研究，在全国近30个省市开示范课100余节、教育教学学术讲座200余场。出版专著《知识、生活与生命的共鸣——新教育语文课堂》《新教育语文课堂：哲学的解释》《语文课堂：真实情境的实践叙事》等，发表论文近百篇，多篇全文转载于人大复印资料，主编、参编教材、教学用书多种。

进行时态：我对语文实践观的认识与履行

从教以来，一直走在求索的路上，即便多有“磕绊”，亦不管路边美景“亮眼”，似乎都没有停下自己的脚步，面对语文世界的芳草萋萋，与之缔结和美关系的愿望从未消减；在时间奏响的“平平仄仄”里，我愿意带着和语文“相看两不厌”的情分走向课程的深处与教学的远方，一如既往交付热忱。语文教学之于我，始终处于进行时态的良性互动的意义关联中，只有开始，没有结束，是每时每刻的共伴同行。

回首来时路，方觉岁月长。撞开语文之门，虽非偶然，但也不是从“心”出发。少年时代有志于成为中文传媒者，兜兜转转成了语文教书人，两者都和语言文字有着紧密不可分离的关系，但从社会身份、职业功能、社群交往等来衡量，那是完全不同的两个领域。放下传媒之梦，走进语文课堂，发现自己与教书育人是有缘分的。如果说让兴趣爱好成为职业是幸福的事情，那么，在履职过程中让职业成为兴趣爱好更是幸福的事情——我爱上了语文教学，深爱。带着这样的爱，开始了紧贴地面步行的语文教学之旅。

从教第三年，获评宁波市教坛新秀一等奖；从教第六年，获得浙江省教坛新秀荣誉称号。在省市语文学科各类活动中多次开设公开课，得到同行与专家的多方肯定；日常教学受到学生喜爱，在社会、家长那里获得较高美誉度。很多教师认为，我的教学基本功、教学问题的设计、师生对话、课堂即时的教学评价、教学内容的生成等都是可圈可点的，听我的课是一种享受，我的课堂教学是可以欣赏、值得向往的，但一定是学不来的。引起我特别注意的是“学不来”三个字，若有“学不来”的遗憾，“欣赏”只是一种“浅薄”的观感；任何有价值的学术成果都是可以复制的，并且是可以在复制的过程中不断被超越、被更新的。我开始对自己的课堂教学产生了深深的忧虑与怀疑。我翻阅了听评课笔记，发现很多教师在评价我的课堂教学时，更多地把目光聚焦于“教师”，较少地聚焦于“课程”与“学生”。感谢亲爱的同行们，他们在给予一个年轻教师极高肯定的同时，也带给了她一个思想的“深洞”——语文教学究竟是展示教师个人精彩的舞台，还是师生共同研习彼此成全的平台？这个问题较长时间萦绕在我职业生涯的起步阶段，并开始引导我对语文实践观的思考。

有哲人说过，“教”比“学”难，“教”要容许人去“学”。教师之“教”占满教学时空，学生之“学”失去了“容许之学”，看不见“学”的课堂，教师的精彩就是一种赘余。同行们所说的“学不来”不一定是我的个人才华有多“超拔”，也许是我在教学实施中太多地掌控了课堂，是用教师的先入为主去“捆绑”学生，是教学表现中的“用力过猛”，是“侵夺”了学生之“学”——在看似教师精心“堆砌”而成的教学场域中，因为“学”的缺席，而让“教”成为半空中的舞蹈。这如同一个蹩脚的舞者，即便有着漂亮的华服的衬托，但生硬的舞技终究成就不了令人拍案叫绝的艺术。怎样的课堂是“学得来”的课堂？让学生之“学”成为教学时空的重中之重，让教师的精彩成为“衬笔”，让课桌与课桌、讲台与课桌之间真正翻滚着思想的潮流。

一、语文教学是基于学生之“学”的“教”

由老师们所说的“学不来”，我对语文实践观有了第一重意涵的认知：语文教学是基于学生之“学”的“教”。带着对语文教学实践观第一重意涵的认识，我开始了语文教学的反思与精进之旅。

首先，基于学生之“学”的教学准备更多考虑的是课堂里的“真模样”。教学不是纸面上的滑行，而是课堂里的真境，是教师的课程理解与学生的课程理解所能达成的共同理解，是教学力与学习力切实具体的碰撞与共进，是明确了学生站在“这里”、朝向“那里”、通过何种路径可以从“这里”抵达“那里”的教学评估，是让学生带着问题进课堂、带着新问题出课堂的不断延伸着的教学。《西厢记·长亭送别》的教学从“说连环画”开始，考虑的是与古典戏曲知识落差的学情;《荷塘月色》的教学从“门”的意象取径，考虑的是作者笔下的理想世界与现实社会之间的反差与距离;《沁园春·长沙》的教学从“长沙与青年毛泽东”的话题发端，考虑的是长沙之于毛泽东人生历程的符号意义……所有的教学准备不能因为教师之需而一意孤行，既然是想帮助学生在课堂里绽放的“旅程”，那就必须围绕学生真实的水平与真实的需求去确定有价值的知识。

其次，基于学生之“学”的教学策略更多考虑的是“学法”而非“教法”，不能用教师之“教”的称心如意去忽略学生之“学”的切身体验。理想的语文教学最终促成的是学生学习方式的改变，教师是学习的促进者。教学起步阶段，我非常重视教师之“教”，细化到每一句话怎么说、说了之后估计会有几种回答，每一种回答如何应对，诸如此类，不一而足。跟着上课铃声的节奏喊“上课，同学们好”，押着下课铃声的韵脚喊“下课，同学们再见”，美滋滋地享受着自以为是的“一气呵成”的快乐，这真的有点儿像《阿Q正传》里所写的“舒服得像六月里喝了雪水”。这样的课堂，有时候看似精彩，但经不住推敲、回味、反思，也看不到学生真实的成长，学生永远处于“矮一头”的状态中，教师所谓的光芒——让学生眺望星空成为小概率事件，这叫“教师做了学生的主”。让学生有“学”的念想、“学”的兴趣，生成“学”的探究力与想象力，这是检验基于学生之“学”的教学效果的重要规尺。

最后，基于学生之“学”的教学内容更多考虑的是确定有价值的课程内容，将有价值的课程内容实现为学习内容。《琵琶行（并序）》的教学内容如何确定？一切理解基于前理解。准确掌握学生对乐府诗的前理解是教学内容确定的前提。《木兰诗》是学生的前理解，初中阶段接触的乐府民歌可以让学生对乐府作品的叙事特征与语言形式的“腔调”与节律有基础性的理解，《琵琶行（并序）》教学内容的确定依学生在《木兰诗》中的收获而定：一是作为以“七弦为益友”的发烧级乐友白居易的音乐修养，二是《琵琶行（并序）》表现的音乐特质，三是由音乐共鸣而牵起的诗人与琵琶女共情的线。根据学生的课程前理解确定教学内容，既避免了在特别容易的知识点位不停打转，也避免了过高估计学生而使课堂成为教师独领风骚的舞台。我对语文实践观第一重意涵的理解，让我在日常教学中葆有一种自律与自觉：处于教学过程中的教师不是“孤勇者”，他（她）是平等的首席，是知识建构的引领者、合作者、陪伴者。

二、语文教学是基于教师学术阅读的教学

我对语文实践观的第二重认知是：语文教学是基于教师学术阅读的教学。教师理应成为社会的读书人口。一个教师如果没有通宵达旦地读过几百本书，甚至是几千本书，教学的行囊总归是“匮乏”的。语文教师是围着语言文字“转动”着的特殊人群，保持对语言文字的敏感与热爱，在语言文字中锤炼语感、洞见思想、升华情怀是语文教师的本分——缺乏有深度的“读”，就不可能有高品质的“教”；“读”的实践高度影响“教”的深刻、丰富、广阔。在学术阅读面前，我总是保持着足够的敬畏与投入，它的重要性是我在认识到它对教

学的实际意义后才逐步形成的，请允许我真实说出稍稍有点功利的阅读起点。

首先，学术阅读是教学实践必备之需。参加宁波市特级带徒考试获得综合成绩第一名后，师父冯中杰老师告诫我应该再补一补文言文的功底。那年夏天，我阅读了一批中国古代文化典籍、大量的文言经典名篇，写了三万多字的读书笔记，虽然称不上"恶补"，但也算是一次高营养的"大补给"。教师节来临的时候，我给冯老师写信，在表示节日问候的同时，也汇报了夏天的读书体会。冯老师在回信中说，你的文言文水平在提升，你的语言表达上都有最近阅读的"痕迹"了，有了"压箱底"的文言能力，你就有了教好文言文的资本。后来，的确有《师说》《劝学》《赤壁赋》《陈情表》《祭十二郎文》等一批文言文教学实践成为同行们共同研习的"对象物""参照体"，也产生了一定的教研影响。这里面有学术阅读很大的"功劳"。

其次，学术阅读必须是系统阅读，是在结构体系中把握阅读对象的本质。阅读钱钟书先生的《宋诗选注》时，读到一个人：姚合。我的阅读积累中没有姚合这个诗人。钱钟书说宋代很多山水田园诗人是从他那儿得到的灵感。比如杭州孤山隐居的林逋，再如写出"白云遍地无人扫"的魏野，那种禅悦的境界，语言都说不出的好，他们都是"拜"姚合为师的。在唐朝时，姚合就是极负盛名的诗人了。一查资料，更是吓得不轻：姚合是唐代杰出诗人，他和贾岛以"姚贾"并称，诗名卓著。连姚合都不知道，还好意思说山水诗人和他们的作品都收入教学的行囊了？这令我羞赧，同时对我的学术阅读也是一次关键的警醒："单本""单篇"的阅读经历使人琐碎、肤浅、平庸，只有建立了意义关联的读书才能建构心灵的理性秩序，对抗语文教学的复杂、丰富、不确定性；阅读研究要有"建群"意识、比较意识，把与阅读对象有关的资料一一对比，也与自己的经验、认知判断对比，作整体性思考，从而得出相对可靠的结论。这样的阅读给语文教学建立了"学术的后台"，它们不一定要全部转化为"知识的前台"输出给学生，但因为语文教师有了它们作为教学储备，就能给自己的教学实践增强“领航”能力，而不至于处于“有一说一，说完即止”的尴尬境地之中。

最后，学术阅读在“懂”与“不懂”之间丰盈语文教师的思想与情怀。很多时候，我们似乎只读能“读懂”的书，在能读懂的书籍中“来来回回”，觉得它们有用、好用、管用。比如，我读霍金的《果壳中的宇宙》，压根就没有读通；读康德的《判断力批判》，根本就没有读懂，兴许连“边”都没有摸到；读《柳如是别传》，也不敢说读透了陈寅恪在字里行间营造的独特意蕴……那么，作为语文教师，是否可以或者说应该自觉“屏蔽”这些看似特别重要、读起来又非常艰涩和隐晦的作品？这些作品的阅读感觉如同穿行在文字丛林中不断迷路、不断折返般的苍茫与无助，最后剩下的是，将读过这些作品作为读书人的一种门楣装饰甚至是身份炫耀，这是多么可悲可叹的无奈与遗憾。学术阅读不能简单以“懂”或者“不懂”作为标准，摆脱阅读实用功能对我们的“拘囿”之后，我们才能讨论“懂”与“不懂”的话题。有幸成为朱永新教授的博士生是我学术求索路上最大的幸福。我的学士专业是汉语言文学，硕士专业是语文教育学，博士专业是马克思主义哲学。入学面试的时候，考官问我有多少哲学功底，读过多少哲学原著，我的回答是除了为了这次考试需要读的哲学著作之外，剩下的只有本科、硕士阶段接触过的少量作品。当时考官就给了我一个后来想来极其正确的结论：你接下来的求学之路必定是非常艰辛的。入学伊始，我就踏上了“不懂”的学术阅读之程：马哲经典、中国思想史经卷、西方伦理学专著、中外教育哲学著述……全方位扑入我的阅读视野，我似乎进入了阅读高速公路，读通一段就像过了一个“收费站”，然后重新开始。每每将“不懂”变成“懂”的时候，总有欣然之感冲上心头；每每让“不懂”暂存为“不懂”时，也学会了用“懂与不懂都是收获”安慰自己继续朝向前方。学术阅读让我一直走在从“不懂”通向“懂”的旅程里，甚至让我较长时间处于“不懂”之中。它除了带给我瞬间的愉悦或苦痛之外，更具体的收获是让我在语文教学实践过程中更为精确、深刻地表现了思想的照彻、思维的聚焦。课堂教学的深度与高度“递增”明显，内涵丰富的教学实践引领了学生，借助教学实践也和同行们成为碰撞对话、彼此共进的教学共同体，不断靠近“让课堂成为研习平台”的愿景。我对语文实践观第二种意涵的理解，让我始终坚信教师个人专业成长对于教学实践的重要意义；如果教师停止了“生长”，学生的成长就会受到相应的“阻遏”，而学术阅读就是教师“生长”的必备条件。

三、语文教学是以语言实践活动为第一要义的教学

我对语文实践观的第三种认知是：语文教学是以语言实践活动为第一要义的教学。离开了语言实践，语文课程也许就会荒了自己的地，犁了别人的田。每一次的语文教学应该都是紧贴语言的实践，语言是语文教学的立身之本、存在之家。

首先，每一个语文教师都要有涵泳语言的基本功。在“素面朝天”的语文时代，语文教师语言功夫的重要性不言而喻。严羽所说的“羚羊挂角，无迹可求”的美学境界同样适用于语文教学。教学《项链》，可从开头第一句“她也是一个美丽动人的姑娘”中的“也”字找到作品开掘的“荡气回肠”，小小一个“也”字，一字千钧重，妙意无穷深。教学《在马克思墓前的讲话》，如果能对“但是马克思在他所研究的每一个领域，甚至在数学领域，都有独到的发现，这样的领域是很多的，而且其中任何一个领域他都不是浅尝辄止”进行解读，探寻其中的文本意涵与演讲主题的关系，那就是最朴素的语言实践。若是因为这样的语言实践点燃学生对其他问题诸如“马克思在数学领域的独到发现是什么”的兴趣，进一步激发学生的探究热情，那是多好的事情！这在提倡学科融通、跨学科学习的当下，具有积极的教学意义。涵泳语言，并非守着某一个细微的语言点不放，是由点及面，是在具体中看到抽象，在个别中发现整体，《项链》《在马克思墓前的讲话》的教学举例都说明了这一点。涵泳语言是煲营养汤而非

泡方便面，欲速则不达，拥有语言涵泳“化重为轻”的功夫是需要时间与耐性的，这和古人所谓的“一字之师”等故事有异曲同工之妙。

其次，语言实践应在真实的语言运用情境中开展。发展着的社会，更新着的知识、变化着的任务……都是与个体直接关联着的社会情境。知识（理性）总是在具体情境中生成的，个人“局部时空”的知识在情境中不断扩大。人，是情境的产物，也是情境的创造者。真实的实践生活，在真实的语用情境中；离开了建构社会关系的学习情境，师生无法缔结深厚有效的知识关系。语文学习，永远是置身真实情境的实践。那么，真实的语用情境是怎样的？我的第一个理解是，“迫使”学生高投入、高表现、高认知，使得个人化的学习行为升格为具有超越自我的发展性意义：看得见学生的“挣扎”“疑惑”“交互”“碰擦”，有个体的反思，也有团队的“斗智斗勇”。例如《故都的秋》教学，将作者描写秋天的文字转换成图画，由此建立情境让学生“入得其里”鉴赏品味，这是语言实践的低阶；由鉴赏品味其景其情，进入探究语言文字背后的民族文化心理，这就是个人学习行为的升格，需要个体与团队经历思想的“翻滚”，还必须借助教师引领与资料的充实，才能由一篇经典的散文生发开去，看到中国传统文化中文人的审美心理甚至是民族心理，这才是语言实践的高阶。第二个理解是，基于学生视野，基于认识的矛盾、困惑和冲突，解决真实任务，即生活化、情境化，聚焦有意义、有价值的任务，学习以具体的任务驱动。新教材中“革命传统作品”专题教学，我以《荷花淀》为例，尝试“任务驱动下的主题教学”，在全国新教材研习峰会上开设示范课，引起深入研讨，获得较大影响。根据单元导语、学习提示、单元学习任务以及新课标对课程理解的规定性，我设定了“美的历程：时代风云中奋斗与成长——革命传统作品中女性形象的理解与鉴赏”的教学主题，整个教学实践由三个主干任务组成，相对完整地实现了师生对课程内容的共同理解。第三个理解是，让语言真正成为一种实践手段，让语言带有鲜明的行为特征。学生所有的语言实践都粘贴着聆听、言说、研读、创写等过程，让作为符号的语言的隐喻、形象功能得以实现。教诗歌需要有敏感的耳朵，聆听诗歌就是聆听每一个词语的气氛。比如学习《离骚（节选)》，首先要把学生的耳朵唤醒，因为诗歌是韵体，诗歌是“韵”的实践。怎么实践“韵”？诗歌实践调动的不光是眼睛，更多的是听声音，用唱读的方式进入作品是一条“自然”的路径。根据诗歌语言的本质特征来组织实践，真正体现语言实践的行为特征。再如《烛之武退秦师》的教学实践，教师一般较多聚焦于烛之武的外交辞令，并由外交辞令讨论烛之武的人物形象。新教材启用之后，我们不难发现教学内容、教学方法都需要更新、替换。仅仅因为烛之武善于辞令，《烛之武退秦师》不可能在中国文化史上“单篇独大”。这样的人物在春秋战国特定的历史时期为数众多，有名望的也不在少数，为什么偏偏是烛之武呢？语言实践中有一条行为特征很明显的路径：文本深度研读。通过研读，我们基本可以得出以下初步共识——因为《烛之武退秦师》是“以传解经”的名篇，以完备的叙事对《春秋》的经义进行解释，同时也将烛之武这个弥足珍贵的人物形象留在了文化长廊里。由此，《烛之武退秦师》不仅让烛之武名扬天下，还因为承担了文化传承的时代使命在文化史上熠熠生辉。当我们将语言活动落实为课堂教学中教师和学生共同完成的具体“行为”时，教学叙事也就真正实践化了。

最后，语言实践以实现学生立身生活世界、完善社会化成长为目标。语言实践始终离不开语用情境，最直接的语用情境在生活世界里。积极的语言实践增强学生“适应社会、服务社会的能力”。如何让语言实践符合生活世界的真实需要，助力学生未来发展？我主要从以下几个方面进行了探究。一是“行走”生活，“触摸”真实的生活，提高语言能力。我曾经和学生一起，用半年时间研习中国文字的流变和应用。我们走进河姆渡遗址博物馆，观察、比对了很多馆藏物品，由物品上的文字构造，结合汉字六书知识，让学生在具体可感的物件中建构对汉字造字法的基本认识；我们走进天一阁，在碑文前久久伫立，于一笔一画中体验汉字在流变中的魅力和应用中的创新……研究小组撰写了《藏品与碑文中的汉字“成长史”》一文，以实践叙事的方式实录了河姆渡、天一阁之行的收获，特别指出在行走的语文课堂里，原本看似缄默着的知识“活”起来了，并且有了一种难以言说的意味深长。有了一馆一阁的实地学习经历“打底”，之后展开的资料搜集、筛选、整合、分析、综合等学习过程推进顺利，研习效果明显。学生最终递交的学习汇报，整合在我撰写的《古文字中走来的文明》报告中，由浙江教育出版社出版，成为新课程中“跨媒介阅读与交流”学习任务群的可借鉴案例。二是思考生活，“编织”真实的生活，提升语言品质。在组织“实用性阅读与写作”任务群教学的时候，为了抵达“掌握当代社会常用的实用文本，善于学习并运用新的表达方式”的学习目标，我安排了“社会生活情境中的写作”课程内容，并将内容活动化，以体现语文实践的特征。活动的内容与要求分成三类：社会交往类的表达实践，能围绕活动主题撰写策划方案，并能根据方案运行情况实施修改或调整；社会媒体类的调查研究，能以某一传统媒体或新媒体为例，对其版面结构、栏目设置、价值取向、内容选择等作出分析评判，写成微型调研报告；社会科学通俗作品的研习介绍，能以社会学或哲学类大众通俗读物为载体，研习其观点，并能用通俗语言传递、分享观点，以读书笔记、演讲稿、感评等形式记录阅读心得。根据活动内容与要求，还做了以下三个语言实践活动：(1) 阅读活动策划书写作实践——以“春天读诗会”活动策划书写作为例；(2) 社会传媒分析与研究写作实践——以“澎湃新闻网站”一周内容调研微报告写作为例；(3) 社会科学作品研读教学实践——以康德《论优美感和崇高感》阅读感评写作为例。三个语言实践活动策划书、微报告、阅读感评的写作，取材于真实生活，服务于真实生活，在体式上属于应用文体，是学生走向生活世界、开展社会交往重要的依凭，是学生理解生活并说出对生活的理解的重要语言实践。若干年后，当学生从学生的身份中“抽离”，立身各行百业，这些学生时代的写作实践会在经意与不经意之间使出“全臂之力”，在记忆深处被“唤醒”，成为实现“表达动机”的重要助力——功能性表达作为积极的写作活动，是学生热爱并言说世界的语言实践，是对生活的叙事，更是对生活的创造。三是认知生活的个体性、综合性与当下性，尊重语言实践对应表现的独特性、整体性和永远的进行时态。知识分布于环绕着“我”、他者、世界的活动体系里，获取知识的动态途径联系着独特的个体经验，学生通过自身的方式与生活相遇，语言实践和学生的实际生活体验有着独一无二的意义关联，这种关联构成个体生命语言实践的独特性和整体性。语言实践是综合的，我们很难说单一的“听”、单一的“读”抑或单一的“说”、单一的“写”能够给予实践主体所期待改变的一切，只有听、说、读、写有效互约，才能激活实践主体的语文生活体验，获得全面发展。语言实践具有“生活在当下”的特征。无论是独步的思想者还是伴行的共同体，个体的语言实践“粘连”着此时此境的唯一性。我曾经在云南的永善、昭通、绥江三地上李清照的《声声慢》，根据不同的学情，确定学习内容：永善的“吟诵”、昭通的“意象”、绥江的“情景”，都是此时此境的意义生发。尊重语言实践当下性的实在，维系了一种现实主义的认知意识，即追问“当下”的澄明和确切，规避了语文生活的不确定与存在的荒芜。当“此时此地此人”发生变化的时候，千万不要有“为什么我所看到的语言世界变得不一样了”的神伤，因为“当下”已然遁形，而另一个“当下”正迎向我们。

以上就是我所理解的语文教学实践观，这种理解是动态的，是“进行时态”的。于万万千千的世人、世事、世情、世思之中，语文教学也处于永不停步的“进行时态”中。我们总是迫切地想成为“变化”与“创新”的见证者，事实上，其意义远没有成为有理想的实践者有价值。回看这篇文章最初的段落，似乎带着刚刚出发的欣然与茫然，等文章快写完的时候，依旧有着欣然与茫然，所幸内涵不同了，因为我们总是在时间中成长的。但愿自己永远是处于“进行时态”的语文教学实践者，成为学生学习的促进者，成为置身真实生活世界的参与者，成为世界秩序中带着微光前行的生命意义的探寻者。

赵公明

江苏省江都市人。中学高级教师，扬州市有突出贡献的中青年专家，江苏省中学数学特级教师，江苏省“333高层次人才培养工程”第一期、第二期培养对象，中国教育学会数学教育研究发展中心理事、学术委员会副主任，2018年11月至2019年11月，任广西中马阳光学校执行总校长。发表论文数十篇，编著专著十多部。参加并主持了多项省级以上的课题研究并取得优异成绩，其中，“初中生数学学习障碍的诊断与矫治”在江苏省“九五”优秀教学研究课题评奖中荣获一等奖（全省一等奖五名），“青少年健全人格的发展研究——学生学习发展障碍的诊断及其矫治”在扬州市“十一五”教育科研优秀课题评比中获一等奖。

追寻着思想前行

一、八年的一线实践，八年的教育追寻

1981 年 7 月至 1988 年 8 月，我是在江都县吴桥中学度过的，这是我人生中最为重要的岁月。

（一）让我对教育进行反思的学生——周涛

1981 年 7 月，我从扬州师范学院专科班毕业，带着梦想与兴奋，跨入了校园。

走上讲台，一切都以问题的方式呈现在面前：一节课结束了，学生懂了吗？为什么一些学生课堂上回答得很好，但作业却不能很好地完成？为什么一些学生平时作业完成得挺好，但考试的成绩却不是很好？为什么我的课只能让一部分学生满意，却不能让所有学生满意？……

把这些问号放大的是一位特殊的学生——周涛。周涛是江都县著名数学教师周明维的儿子，他 10 岁就开始学习初中的数学内容，13 岁便考取南京大学

少年班。

“赵老师，你不要讲了，我会。”在我给他系统讲解数学时，周涛常常这样对我说。

“赵老师，你不要向后讲，前面的我还没有懂呢。”在我认为他没有困难时，周涛又这样对我说。

“赵老师，我会做了，也做对了，就是不知道为什么？”周涛常常对我提出这样的问题。

“赵老师，平行线的问题，为什么总要添加一条和平行线相交的辅助线？”在他很有把握完成作业后，周涛开始向我发问。

“这里面有一个基本图形的问题。”我回答道。

“什么是基本图形，书上为什么没有？老师为什么不讲？其他同学为什么不知道？”

……

这一连串的“为什么”常常让我不知所措，我几乎很少能够及时做出得体的回答。

这一连串的“为什么”让我冥思苦想，教师怎样才能知道学生懂与不懂、会与不会呢？

这一连串的“为什么”让我产生了强烈的追寻欲望，放大的问号让我产生了放大的思想。放大的问号让我懂得了很多，让我知道不懂的更多。于是，我追寻着思想前行，在教育教学实践中与思想同行，让实践的我和理论的我不断碰撞，在优化中选择方向，在艰难中享受快乐。

（二）第一位引领我前行的专家——卢仲衡

20世纪80年代初，美学盛行。我很希望在美学中寻找到让自己能够满意的答案。我认真学习高尔太、朱光潜、蔡仪、宗白华、王朝闻、李泽厚等美学大师的著作，受益匪浅。然而美学拓展了我的视野，提高了我的审美水平，但不能让我在教育教学实践中取得具体化的突破。

1983 年，在卢仲衡教授的直接关心下，我参加了卢仲衡教授主持的全国性课题“数学自学辅导教学”的实验。

我的实验成绩得到了卢仲衡教授和中国科学院心理所的充分肯定。我参加了在连云港和岳阳的全国会议，《气质与教育》荣获大会优秀论文奖，《浅谈自学辅导教学实验中的几个心理学问题》在《江苏教育研究》上发表，得到了专家和一线老师的充分肯定。

但作为课题研究的参与者，一个问题一直困扰着我：“学生不愿意学，怎么办？”

毫无疑问，一个不愿意学习的学生，他是不会主动自学的。

怎样让一个不愿意学习的学生喜欢学习？

怎样知道一个学生愿意学习或喜欢学习？

……

实践中出现的问题，让我始终觉得自己的教育功底不够厚实，总不能适时地给自己的教育选择和教育行为一个合适的理由。因此，在某种意义上说，吴桥中学八年的一线实践，就是我最早的对教育真谛的追寻。

二、12年的教研生活，12年的反思探索

经过几年如一日的探索，我开始懂得了教育、教学必须符合学生个性差异才能取得成效。我对气质与教育进行了广泛、深入的研究，发表论文若干篇，产生较大影响。很多高校、研究所以解决住房等优厚条件要我去工作，由于我太眷恋着生我养我的这块土地，太热爱这能使我充分施展才能的教育、教学研究的舞台，在盛寿华、王在、董代舒、龚正乐等领导和教育前辈的真切挽留下，

1988年8月，我毅然留在了住房尚没有解决的江都县教育局教研室工作。

1988年8月至2000年2月，12年的教研生活，让我站在一个新的起点上进行了12年的反思探索。

（一）诊断与矫治——一次教育事件反思产生的命题

1990年秋天，我去拜访一位德高望重的前辈董代舒老师。

董代舒老师出生在教育世家，是闻名遐迩的数学老师。所以，尽管退休了，家里仍有一批求教的学生。

这天，我拜访他，他简单地应酬了一下，就照应学生去了。

差不多一个半小时后，董代舒老师一边拿着几份已经改好的试卷给我看，一边说："这些孩子很好，一般都考140几分……"

"那，您——董老师害人了。"我认真地说。

"什么？我害人？我没有听错吧。"董代舒老师惊讶地反问道。

"是的，您害了这些孩子。"

"我害了这些孩子？！这些都是我学生的孩子，我害他们！？"董老师费解地问我。

"是的！"我认真地回答道。

"您看，这个学生在您这里近两个小时，做的试卷是140多分，您不是在害他吗？"我开始详细地解释。

"换言之，这个学生在您这里近两个小时，只得到几分不懂的知识，如果您知道哪里不懂，只要一会儿工夫。"我面对董代舒老师费解的样子继续解释。

"你不是为难人吗？我怎么知道他哪里不懂呢？你能告诉我吗？！"董代舒老师近乎发难地问我。

"这也不困难，让不懂各自回家，不懂的主人自然知道自己哪里不懂，每一次让学生告诉您哪里不懂，然后您再讲，不就行了。"

“小赵啊，士别三日，真得刮目相看！今天，是我收益最大的一天。是啊，何必兜圈子，让不懂各自回家，受益匪浅！受益匪浅！！！”董代舒老师像小孩子一样高兴地说。

……

我也异常高兴，因为这是一件难得的教育事件，这一事件告诉我们很多。我们完全有理由肯定，不懂是教育的宝贝，不懂是一个智慧的流浪者，不懂的家是智慧的首都。尽管不懂的每次出走都是一次全新的探求，但离家的时间长了，路远了，就会疲惫，就会产生一种陌生感。显然，通往智慧之都的路上充满了阳光和希望，只有在回家路上的不懂，才有乐此不疲、废寝忘食的苦苦思索，才有刻骨铭心的成功体验和对回家的向往。所以，回家的感觉真好!

这一天，是我一生难忘的一天！回家后，我一直无法入睡，教师如果能够像医生该多好啊！教师通过诊断，能够知道学生愿意不愿意学习，能不能学习，会不会学习……教师通过矫治，能够让不愿意学习的学生愿意学习，不能学习的学生能学习，不会学习的学生学会学习……如此这般，教师就会像医生一样是专业的，不可替代的。

这一问题从此进驻了我的脑海，常常跳跃着成为我冥思苦想的问题。

（二）三个层次——我对数学教育的顿悟和理解

在数学和数学教育研究的世界里，云集了大量的教育精英，他们的人格和智慧给了我丰富的滋养。从此，我探索的范围不断扩大，探索的方向不断膨胀，反思不断深入，反思的品位不断提升，成果不断扩大。

1990 年 6 月，《中学数学》第 6 期上发表的《数学教育中实施掌握学习之我见》，是我对数学教育的顿悟和理解。1979 年恢复高考后，题海战术盛行，因为掌握知识成为数学教育的追求；尔后，精讲多练成为潮流，但对何谓“精”

很是困惑。为考试而教，数学教育目标在现实中扭曲和迷惘，严重阻碍了数学教育的发展。在痛定思痛之后，我提出了数学教育的三个层次理论。第一层次：掌握知识；第二层次：发展能力；第三层次：形成良好的人格品质。这三个层次在数学教育界乃至整个教育界得到了广泛的好评。

（三）“初中生数学学习障碍的诊断与矫治”——反思探索的第一个课题成果

追寻着思想前行，是痛苦的，更是快乐的。因为思想之花，其果实是不受季节影响的。1991 年 11 月，我在《中小学数学》上发表了《由一道竞赛题谈解题思路的选择》；1991 年 2 月，在《青少年探讨》上发表了《怎样帮助高中生的心理平衡》；1993 年 12 月，在《中学数学研究》上发表了《数学教学与学生科学世界观的培养》；1994 年 7 月，在《中学数学教学参考》上发表了《运用整体思想解题之管见》；1994 年 5 月，在江苏省《中学生数学报》上发表了《初中数学解题中的思想方法之一，化归思想》……尔后，又在《中学数学教与学》上发表了《不妨将问题具体化》，在《扬州教育学院学报》上发表了《从理论与实践两方面追求数学教育最佳发展》；1999 年，在《天津教育》上发表了《初中生数学学习障碍的诊断与矫治》等论文；2000 年 6 月，在南京出版社出版了专著《初中生数学学习障碍的诊断与矫治》……

实事求是地讲，在县级市这块土地进行教育、教学研究是非常艰难的。

从课题研究的意义上说，研究的问题越是具有普遍性，其研究的价值就越大，研究的难度也越大。问题普遍到视而不见、习以为常，其研究更难，价值也更大。

正是基于以上认识，我们选择了初中生数学学习方面的课题。这虽然是一种权宜之择，但也是一种“大题小作”的突破……

我坚信，学习、发展障碍的诊断与矫治研究，值得我去奋斗！所以从 1990

年开始，我就进行了学习障碍诊断与矫治的思考和探索，并具体到初中数学进行小规模研究；到1995年，才被省教委确定为省级课题，1999年通过专家鉴定，顺利结题，“初中生数学学习障碍诊断与矫治”的研究走过了10年的艰难历程。足以让我感到快慰的是，“初中生数学学习障碍的诊断与矫治”在1999年江苏省优秀课题成果评比中荣获一等奖（全省仅五个）。

真可谓：忆过去，无怨无悔；向前行，义无反顾。

三、重要的是面对陌生世界

在我的意识里，有一个不需要证明的公理：人的潜能＞已经实现的一切！

毫无疑问，学习面对的永远是一个陌生的世界。

就学习而言，我们面对的都是陌生的世界，所以，在某种意义上说，学习就是勇敢面对陌生世界、认识陌生世界。学习的过程就是把陌生的问题变为我们熟悉的、已经理解、能够解决的问题。当然，这是一个“陌生—熟悉—陌生—熟悉……”的螺旋式上升过程。因此，变“陌生”为“熟悉”就是学习的成功；而把握了寻找“陌生”和“熟悉”之间的联系规律，也就掌握了一种用途广泛、科学的学习方法，掌握了走进陌生世界的通行证。

怎样才能把握“陌生”和“熟悉”之间的联系呢？以下两条重要的创造原理我们可以借鉴。

其一，对过去熟悉了的事物，有意识把它看成陌生的，按照新的理论对它加以研究，从新的角度去认识它，使认识深化。

其二，对目前依然陌生的事物，则用熟悉的事物进行比较、分析，按照熟悉事物的理论对它加以类比研究，化“陌生”为“熟悉”，使认识延伸。

现在，让我们以数学为例，看看这种学习方法的实际运用。

例 1. 解方程：$(x+2)^2=9$

学过了开平方法解这道题是轻而易举的。根据平方根的意义易得：

$x_1=1$，$x_2=-5$。

但并非所有的一元二次方程都以这样的形式出现，都可以马上用开平方法去简化求解过程。因此，我们不妨把熟悉的 $(x+2)^2=9$ 的题型，变化为陌生的题型，重新研究它，以拓展思维，有所发现。

将 $(x+2)^2=9$ 的左边展开得：$x^2+4x+4=9$　（1）

把常数项移到右边得：$x^2+4x=5$　（2）

把 $4x$ 移到右边得：$x^2=5-4x$　（3）

把二次项移到右边得：$0=5-4x-x^2$　（4）

由此可见，一元二次方程会有多种形式。由此出发，就会引起你对陌生的新问题进行思索、研究，从而扩大思维空间，使认识逐步深化。

再看 $ax^2+bx+c=0\ (a\neq 0)$ 这个方程，它对有些同学来说，是陌生的，因为它的系数是字母，而不是过去熟悉的数字。那么，我们不妨把其中的 a、b、c 当成数字去看待，按熟悉的方法去处理，看看如何。

方程两边都除以二次项系数 a，得：

$$x^2+\frac{b}{a}x+\frac{c}{a}=0$$

把常数项移到方程右边得：

$$x^2+\frac{b}{a}x=-\frac{c}{a}$$

在方程两边各加上一次项系数一半的平方得：

$$x^2+\frac{b}{a}x+\left(\frac{b}{2a}\right)^2=-\frac{c}{a}+\left(\frac{b}{2a}\right)^2$$

$$\left(x+\frac{b}{a}\right)^2=-\frac{b^2-4a}{2a}\cdots\cdots\cdots(*)$$

至此，（*）式的形式是我们所熟悉的例 1 方程的形式，显然可以用开平方的办法去解。然而（*）的右边不是数字常数，它是由字母组成的代数式，能否对其作开平方运算呢？这又是个陌生的新问题了。经观察可知，（*）右边的代数式的取值是不定的，故需分各种情况进行讨论。

$\because a \neq 0$， $\therefore 4a^2 > 0$。

当 $b^2-4ac < 0$ 时，方程无实数解；

$x_1=x_2=-\frac{c}{2a}$

当 $b^2-4ac=0$ 时，方程右边为 0。故当 $b^2-4ac > 0$ 时，

$x=-\frac{b}{2a} \pm \frac{\sqrt{b^2-4a}}{2a}=\frac{-b \pm \sqrt{b^2-4a}}{2a}$

这样一来，解各种各样的一元二次方程就不成问题了。你看，这个认识过程不就是从“熟悉—陌生—熟悉”的过程进入一个新的阶段吗?

又如，对常见的方程 $x^2-5x+6=0$，如果令 $x=y^3$，原方程则变为 $y^6-5y^3+6=0$ 的形式；

如果令 $x=\sqrt{y+1}$，

就有：$y-5\sqrt{y+1}+7=0$。

如果令 $x=\frac{1}{y+1}$，

原方程就变为 $\frac{1}{(y+1)}-\frac{5}{(y+1)}+6=0$。

对以上这些新方程，我们清清楚楚地看着它从“熟悉的”变为“陌生的”。现在，我们只要勇敢面对陌生世界，再把它从“陌生的”转化为“熟悉的”，就能解这些陌生的新方程，我们就成为陌生世界的自由人。

因此，任何一个陌生的问题来到我们面前，都是我们认识能力提高发展的机会。只要我们勇敢面对陌生世界，把“陌生的”转化为“熟悉的”，我们认识水平就提高了，潜能就发展了。更为重要的是，在这种转化的过程中，我们能够更好地感受到陌生世界中内在的规律，享受学习的快乐，体验研究的幸福。

有必要强调的是：学习面对的永远是一个陌生的世界。

人的潜能>已经实现的一切!

学习最重要的就是勇敢面对陌生的世界!

已经实现的一切＜人的潜能!

学习最重要的就是认识陌生的世界!

只要我们勇敢地面对陌生世界，我们就能享受学习的快乐!

只要我们不断地感受陌生世界的变化，我们就能不断地体验到研究的幸福!

只要我们不断地向陌生世界进发，我们就能不断地发展成长!

四、12年的教育科研，12年的“思想飞翔”

2000 年 3 月，组织让我到教育研究室工作，我愉快地接受了领导的安排。因为我坚信：教育科研是追寻崇高思想前行的翅膀。

（一）天道酬勤，思想的引领开创了教育科研的新局面

在我的价值判断中，教育科研是第一生产力，只要持之以恒坚持，一定能够开创教育的新局面。所以，我很快进入了角色，全身心地开展工作。

天道酬勤。2004 年，专著《神奇的教育世界》在新华出版社出版，2005 年该书在国外出版发行。2006 年 5 月，专著《让思想与实践同行》出版。2006 年 8 月，主编的《心理健康教育活动手册（小学版)》《心理健康教育活动手册(初中版)》《心理健康教育活动手册（高中版)》出版。2007 年 8 月，入选教育部组织的、由王增昌主编的《著名特级教师教学艺术（中学卷)》。2008 年 3 月，入选华东师范大学出版社出版的《中学数学名师教学艺术》，2014 年再版。2009 年 9 月，和徒弟王勇合著的《小学家庭教育的 100 个难题》出版。2011 年 4 月，主编的《初中家庭教育 100 个难题》出版……

思想总是以引领的方式释放着能量。在领导的关心下，经过大家几年来的

共同努力，所在的江都市从“九五”期间立项课题14项、结题6项的扬州最差的困境走了出来；到2005年年底，我市有省规划立项课题3项，省教科所立项课题2项，省教研室立项课题7项，省教育学会立项课题20项，扬州市立项71项。其中相当一部分学校和个人是真心实意进行课题研究的，他们的开题、中期评估和结题鉴定都有较高质量。到2012年，我市的教育科研已经发展到一个新的水平，在扬州市各县市区中名列前茅。天道酬勤，我也站到了教育科研的更高处……

（二）走近大师，追寻思想的最大滋养

1. 张奠宙老师让我懂得了责任

1998年9月，我被省委组织部确定为江苏省“333高层次人才培养工程”第三层次培养对象，市教育局曾专门聘请张奠宙教授为我的导师。张奠宙老师迅速做出肯定的答复。非常遗憾的是，由于张奠宙老师工作繁忙，当时没有能够举行一个隆重的仪式。

应该说，张奠宙老师让我难忘的事很多，但其中最为难忘的就是第九届数学教育世界会议的日日夜夜。

2000年7月底8月初，第九届数学教育世界会议在日本东京召开，张奠宙老师特别关心我国数学教材的建设问题。事实上，数学教材的建设是一个世界性的课题，无论是发达国家，还是发展中国家都非常重视，每一个国家都根据自己的能力投入了巨大的人力和物力。尽管数学教材建设在许多方面已经形成共识，但不同国家、民族的差异是巨大的。其中，差异优劣的判断、数学教材取向的选择，特别让各国的数学教育家感到为难。

发达国家已经大量地削减几何内容，认为代数能够取代几何培养学生的推理能力。

以俄罗斯为代表的一些国家则认为几何的数学教育功能是不可取代的，特

别是俄罗斯，非但没有削减几何内容，反而对几何进行了更为精细的补充和发展，既注意了直观性，又强化了学术性。

日本学习西方削减了大量的几何内容，但日本的数学教育界非常后悔，采取了大量的补救措施……

中国怎么办？张奠宙老师以民族昌盛为己任寻求符合中国实际的最佳答案。他不顾68岁的高龄四处奔波，倾注全部心血与各国数学教育家进行专项交流，调动与会中国代表一起思考、探索。

“赵公明，你是从基层来的，你最有发言权，你的观点呢？”张奠宙教授突然把目光转向我发问道。

“发达国家的孩子对几何没有兴趣，日本的学生对数学没有兴趣，我没有研究，也没有相关资料，然而可以肯定，相对发达国家而言，我们的学生对数学具有天生的兴趣。这对学生喜爱数学、热爱数学、学好数学具有极大的促进功能。但是，有一种观点认为，落后地区的学生潜能得不到释放，所以钟爱数学。我无法苟同这一观点，但也无法反驳。”我很谨慎地发表了我的观点，因为事关重大。

众多的华人学者参加了讨论，但也莫衷一是。也许具有社会科学性质的判断、选择，其主动权、终审权更多地属于更有智慧的未来。

应该说，是张奠宙老师让我懂得了一个教师应有的责任。

2. 朱永新教授让我坚信：“中国教育的辉煌只能由中国人去创造！”

在江苏省委组织部和江都市教育局的关心下，2003年9月，本人有幸成为苏州大学博士生导师朱永新先生的一名高级访问学者。

在学习期间，在朱永新教授人格光辉的沐浴下，在他的学术思想浸染下，我如饥似渴的学习欲望和研究冲动被激发，从而实现了让忙碌之我不断与宁静之我的对话，让冲动之我不断接受理智之我的批判，让实践之我不断接受理论之我的提升。

朱永新老师的“新教育实验”使先进的教育理念之花在数以千计的学校中绽放……

只有敢于剖析自己的人，敢于否定自己的人，才能在理论和实践中创造一个又一个的高峰和奇迹。我有幸来到苏州大学，走近他，亲近他，并成就了我生命的一个新的高度。

2004 年 5 月，我的《神奇的教育世界》问世。该书是国内第一本用教育叙事方式表达教育的专著，对传统教育话语方式进行了一种大胆的变革，用讲故事的形式，以叙事探究的方式对教育思想的表达路径进行了积极可贵的探索。不久，《神奇的教育世界》入选全国中学骨干校长高级研究班文库，2005 年 5 月在韩国出版。这本书就是我在苏州大学做高级访问学者期间，在朱永新教授的直接关心和支持下完成的。

“我觉得在当前的中国，提倡学派，既体现了我们的学术勇气，也体现了我们的学术追求。为什么我们一会儿一个精神分析，一会儿一个人文主义，为什么不能有中国本土的教育学派呢？我相信我们应该能做得到！”朱永新教授自信地说。

正是朱永新教授的勇气和自信鼓舞了我，所以，在《让思想与实践同行》专著中，我竭尽全力叙说了一个不需要证明的命题：“中国教育的辉煌只能由中国人去创造！”

我坚信：中国教育需要向世界学习，但只有在认真研究自己文化的基础上，探索并建立起世界一流的教育理论，中国教育才能不断走向辉煌。中国教育的辉煌只能由中国人去创造，中国人一定能创造中国教育的辉煌！

五、我理解的数学教育

如果立德树人是教育的原点，也是教育的终点，那么，立德树人同样也是数学教育的原点，也是数学教育的终点。

（一）数学教育最大的功能就是让学生求真

在数学的天地里，一个命题是否正确一定要经过证明，一个结论是否正确一定要经过准确的计算。特别神奇的是，一旦命题被证明是正确的，它就是真理；一旦拥有准确计算的结论，你就拥有真实的世界。

因此，著名数学家丘成桐说："数学是一门很有意义、很美丽，同时也很重要的科学。"

2009 年 12 月 24 日下午，苗晓霞（自由撰稿人，香港《明报月刊》特约记者）与执行编辑陈芳一起做丘成桐教授的访谈。她们请丘成桐教授写一段话留念。当丘成桐教授看到留言簿里有白先勇先生的题词"情与美"时，就说："我写'真与美'吧。"这也验证了一个对丘成桐教授的说法：追求真与美是他的本命。

在另外一个场合，有记者采访丘成桐教授："您在很多场合提到，数学是真、善、美。您可以用一句话来概括数学对您的意义吗？"

丘成桐回答道："对于我来讲，数学是科学界和学术界唯一的真理，不会随时间改变。没有东西能够比数学纯正，所以我对数学有很深厚的感情。"

（二）数学教育最为美妙的就是让学生在好奇中成长

毫无疑问，是问题构成了数学世界。数学的问题特别容易让学生产生好奇。数学教育的实践告诉我们：问题的难度越大，产生好奇的强度越大。

丘成桐教授说："做好学问要有很强的好奇心，没有好奇心就不会去问该问的问题。好奇心一定要有感情才能激发出来。想做一件大事情，首先的反应就是对这件事惊讶：为什么有这样的事情？不惊讶，就没有什么疑问，就不愿跟进。不惊讶，就没有热情去找事情发生的根源。"

当记者问丘成桐教授："做数学研究的最高境界是什么？"

"我们希望用数学的方法去了解大自然的基本规律，给后人留下一条康庄大道。也希望通过我们的理论和方法去研究社会上的和工程上的主要规律，提供新的方向。"丘成桐教授回答说。

当记者问丘成桐教授："在数学界，'承先启后'的具体内容是什么？"

丘成桐教授回答说："'承先'就是把大数学家发展出来的数学弄清楚和继续发扬；'启后'就是让我们的年轻人能继承前人的工作并有创新发展。我招外国学生，也招了很多中国学生。我这样做，是职业的责任感。至于我想帮中国，一方面是因为我的个人情结；另一方面，我认为也是做我这行学问的责任感。数学是科学之母，中国科学要完成现代化，非要将数学搞好不可。中国数学不成功，中国科学就不可能成功，中国始终就强大不起来，这是不争的事实。"

（三）数学教育的最高目标：立德树人

数学教育中，蕴含极为丰富的资源，特别是数学的思想、原理、方法，可以非常自然地转化为学生的世界观和方法论，强化对真善美的积极情感和态度，形成正确的人生观和价值观。

丘成桐教授是数学界的领袖，也是人类超越时空的英雄。我认为，丘成桐教授之所以如此伟大，最为重要的原因就是数学的滋养。

我们可以从丘成桐教授在2013年2月《明报月刊》上刊发的文章中感受这一切。

"对国家、对全世界劳苦的大众，我们香港人都挺起胸膛，一往无前，尽我们的责任，香港的未来是美好的，中华民族都希望香港与其他中国大城市昂首并进，我们岂能自甘人后？"

“我在香港长大，看着香港的亲戚朋友们的打拼奋斗精神，使我极为佩服，香港居民来自五湖四海，有农夫，有工人，有商人，也有名重四方的学者，我们在五十至七十年代二十多年间培养出来的学者不逊于任何地方。香港经济的崛起，也成为东方的奇迹。我们香港人以此为傲，我们一方面倚靠祖国的供应，一方面也是祖国的最主要的出口港。”

“直到九七年前，香港还是英国的殖民地，香港居民处处仰赖着殖民地官员的面色行事。我在香港中文大学读书成长，当然希望中大和西方名校并驾齐驱，中大也尽力去做。但香港回归前几年，香港殖民政府一面喊着民主的口号，一面强迫中文大学从四年制改为三年制。一九八〇年，我亲眼看着港督麦理浩严辞拒绝中大校长代表大学学生和教授的反对声音，到一九八八年，在港督卫奕信手上，英国政府终于完成大学四改三，整个过程中，学生和教授始终是反对的。我当时只能叹息英国人的蛮横，却无可奈何。其实更早以前，在六十年代，父亲刚去世，我们家极为贫苦，母亲带着我到政府机关要求帮忙，殖民地官员的傲慢态度实在使人难受。当时最使我想念的是梁启超翻译拜伦的一首诗：‘难道我今生今世为奴为隶便了？不信我今生今世为奴为隶便了。’”

“九七年回归时看着英国国旗降下，中国国旗升上时，真是感动不已。近两百年来国家民族的耻辱终于去除了，这是我曾祖父、祖父以至父亲都期望着的一天。我想中国人终于在自己的土地上当家作主，可以完成自己的理想了，殖民主义者再不能假借自由为名来欺负香港老百姓了。”

“十五年前，我参观英国伦敦大桥博物馆，它陈列了从中国虎门掠夺得来的大炮，这大炮有着我们广东人守卫国土将士的血迹，关天培将军为了这门大炮英勇牺牲了！‘新界’元朗曾孕育过邓世昌，他为了守卫中国海疆，在威海与舰俱沉。‘靖康耻，犹未雪；臣子恨，何时灭’，难道我们香港人忘记了我们祖先为国家牺牲的英勇事迹吗？……对国家、对全世界劳苦的大众，我们香港人都挺起胸膛，一往无前，尽我们的责任，香港的未来是美好的，中华民族都希望香港与其他中国大城市昂首并进，我们岂能自甘人后？”

显然，丘成桐教授站在人类崇高的精神土地上，释放着灿烂的思想光芒。因此，我始终追寻着思想前行，特别热爱数学教育。

周建华

中国人民大学附属中学正高级教师、中学数学特级教师，曾任人大附中党委书记、副校长，现任人大附中联合学校总校常务副校长、人大附中航天城学校校长，教育部教师“国培计划”、校长“国培计划”专家库专家，教育部基础教育教学指导委员会数学指委会委员，创新人才教育研究会常务副会长，《创新人才教育》常务副主编，北京师范大学校长培训学院兼职教授。主持或负责国家级科研课题多项，成果获 2022 年国家基础教育教学成果奖二等奖，已在《教育研究》《课程 · 教材 · 教法》《数学通报》等刊物发表论文 130 余篇，多篇论文被《新华文摘》、人大复印资料全文转载，获全国教育科研杰出校长、北京市优秀教师、北京市师德先进个人、北京市高校优秀共产党员等荣誉称号。

数学教学解放心灵

一个人的人生感悟，离不开他的人生阅历。

一位教师的教学思想，也离不开他的学习经历和从教经历。1985年7月，我自苏州大学数学系毕业后，先后在江苏建湖农村中学任教10年，在苏州实验中学任教6年，在人大附中任教21年。一路走来，在领导专家的引领下，在学生的支持下，我不懈努力，从新手教师成长为优秀教师，从优秀教师成长为名师，从名师成长为名校长。

在30多年的数学教学实践中，我逐步形成了自己的数学教学思想：数学教学解放心灵。

一、“数学教学解放心灵”的提出

（一）数学教学的“异化”及后果

教学目标的异化。数学教学见“分”不见“人”，一切为了考试，为了考试的分数和排名。

教学内容的异化。考什么就教什么，多考的多教，少考的少教，不考的不教。

教学方式的异化。“题海战术”充斥课堂，“只要做（题）不死，就往死里做（题）”，只讲题型，不讲思路和思想。

教师角色的异化。教师“满堂灌”“满堂问”“满堂转”。“满堂灌”，即“填鸭式”的教师讲、学生听。“满堂问”，即教师上课“一问到底”，且大多是“自问自答”。“满堂转”，就是教师在学生学习小组间“打转转”。

学习评价的异化。分数是评价学生学习的全部且唯一指标。

上述“异化”的后果，一是数学教学给学生留下的仅仅是冷冰冰的数学知识和了无情趣的做题；二是师生关系紧张，师生情感淡漠；三是学生在数学学习上投入巨大，收效甚微，考试结束，学生“恨不得一把火烧了数学课本和做过的所有练习册”；四是学生人格扭曲，后继发展乏力……数学教学的“异化”严重“窄化”了学生心灵。

（二）数学教学解放心灵之应然

柏拉图说：“教育乃是心灵的转向。”马克思说：“教育绝非简单的文化传递，教育之为教育，正是在于它是一种人格心灵的‘唤醒’，这是教育的核心所在。”朱永新教授曾言，解放是一种重要的思想和实践，中国改革开放最大的成功奥秘，其实就是解放了生产力，解放了人民群众的创造力。教育要解放心灵，数学教学更应该解放心灵。

（1）数学教学目标要从“分数追求”解放为着力发展学生数学核心素养。

（2）数学教学内容要从“考什么教什么”解放为精心选择和用心组织，发掘数学核心素养的孕育点和生长点。

（3）数学教学方式要从“填鸭式”“题海战术”解放为重视情境创设和问题

提出，采用多样化的教学方式，促进学生的数学学习。

（4）数学教学评价要从“依据分数排名”解放为通过评价改进学生的学习行为和教师的教学行为，促进学生数学核心素养的达成。

（三）数学教学解放心灵之实然

心灵是人脑的功能，人脑是心灵的器官。韦钰认为，“作为灵魂的工程师，教育实质上就是在建构人的脑”。数学教学更是在建构人脑，解放心灵。具体体现在：

（1）对学生要有爱心，教学中要警惕不可逆的脑损伤。

（2）对学生特别是数学学习困难的学生要有耐心，建立大脑的正向循环，持之以恒。

（3）对学生要有慧心，促进学生大脑运转，助力智慧生成。

（4）对学生要有恒心，脑功能具有终身可塑性，要减少简单的刷题带给学生的“低刺激感”，丰富教学目标、内容和方式，着力让学生变得“更聪明”，提升学生的终身发展能力。

二、“数学教学解放心灵”的思想与实践

本文对数学教学解放心灵的操作性定义是，以数学教学为载体，以心灵的反映能力为中介，以丰富和完善人的心灵，促进学生全面而有个性的发展为目标的教学活动。

教育哲学流派关于心灵的观点，大多偏重于认知、情绪、意志、人格等心理结构的某些方面。依据这些教育理论，基于教学实践，数学教学解放心灵的内涵主要有担当责任、生发智慧、丰富情感和完善人格。

（一）担当责任

责任感是在一个人理想、信念、世界观的基础上形成的精神状态，分为个人责任感和社会责任感两种形式。责任感培育对学生成长的意义在于，它是学生成长的直接驱动力和稳定持久的动力源泉。

1. 培养学生严谨的习惯——案例 1：管标点符号的数学老师

一般来说，我每接新班教学不久，学生除了认可我的教学外，“这个数学老师管标点符号”的消息便会不胫而走。

我在数学教学中，一方面引“大”，引发学生大胆猜想，大胆质疑，大胆批判；另一方面管“小”，小心求证，小心计算，小心书写（包括准确使用标点符号），旨在培养学生大胆猜想、严谨表达的习惯。

例如，数学中的句号，不使用通常意义的句号“。”，而是用句点“.”，因为前者容易与角度符号“°”混淆。

标点符号这件事很“小”，以至于教学中往往被忽略不计。然而，从培养学生严谨的学习习惯、踏实做事、认真做人的角度看，这不是小事，是大事！要管好学生的标点符号，教师先要管好自身的标点符号。要想引领学生成为怎样的人，教师先要努力成为那样的人。“管标点符号”，折射的是教师对数学的敬畏和对数学育人价值“以小见大”的坚守。

2. 培养学生的个人责任感——案例 2：惊人的降雨量

学生责任感的建立往往是一个由个人到他人再到社会的过程。因此，在数学教学中培养学生的个人责任感尤为重要。

降雨量是指单位面积水平地面上降下雨水的深度。下面我们用上口直径 34cm、下口直径 24cm、深为 35cm 的水桶来测降雨量。如果在一次下雨过程中，用此水桶盛的雨水深度是桶深的 1/5，则此次降雨量是______mm（精确到 0.1mm）。

这是我执教高三时给学生留的一道练习题，全班 48 人中仅有 6 人做对。有一名学生的答案竟然是 3789.3mm，另有三人答案也大致在此范围（正确答案为 37.9mm）——多么惊人的降雨量！

这惊人的降雨量引发了我的深思。一方面，数学教学离学生的现实生活太远了；另一方面，以往的教学中，对学生检验答案的意识、方法与能力的训练，几乎是个“盲点”，而这恰恰是提高学生核心素养的一个重要“支点”。因此，这“惊人的降雨量”，教师不能斥之为“粗心大意”而心安理得——我反复告诫学生：在学习的词典里，从来就没有“粗心”二字！于是，我就此精心设计了一节课。

课一开始，我出示上述错误答案，学生纷纷议论开了：“哇！ 3789.3mm≈3.8m，是正常人身高的两倍多！”“不可思议！题中桶里原来的水深才 7cm。”

我就此点拨：工厂生产的产品，需经质量检验合格，方能出厂。数学解题何尝不是如此？

接着，我简明扼要地介绍了几位科学家对此的精辟论述，引导学生总结出中学数学常用的十种检验方法，领会多种方法交叉检验，效果更佳。

至此，课堂教学渐趋高潮，我顺水推舟：上述检验方法的总结，对我们有哪些启示呢？请同学们就此谈谈看法。

这节课，学生反响极好，更令我感慨良多。课堂教学是实施素质教育、提升学生数学核心素养的主渠道，企图毕其功于一役，在一节或几节课中便达成育人目标，无疑是不现实的。然而，它确实又必须通过每一节课来实现。因此，在数学教学中培养学生的责任感，应该从大处着眼，小处入手，润物无声，久久为功。

3. 培养学生的社会责任感——案例 3：指数函数与《增长的极限》

数学教学中，引导学生综合运用所学知识解决实际问题，既可以帮助学生认识数学学习的价值，又可以增强学生的社会责任感。

我在教学“指数函数”后，布置学生阅读经济学名著《增长的极限》的导语，研究作者的观点，提出自己的看法。下面是学生研究的一些结果。

（1）倍增时间的简便计算方法。

所谓倍增时间，指某个量增长一倍所需的时间。它的简便计算方法是用 70 除以增长率的数值。比如人口年增长率为 2%，那么人口翻一番的时间就大约为 35 年。

（2）我看梅多斯等人的“世界末日”模型。

梅多斯等人在《增长的极限》中指出，如果不采取有效措施，到 2036 年，世界人口将高达 144 亿！世界末日要来了，将在不到 100 年内走向毁灭。梅多斯等人的模型被称为“世界末日”模型。

我对此的看法是：第一，把人口、经济、资源等因素的增长率固定在某一时期的水平上，是不符合实际的。第二，该模型没有足够重视技术进步的作用。第三，该模型忽略了价格机制的作用。

尽管“世界末日”模型受到种种抨击和责难，但我们只有一个地球；尽管地球宽容而博大，但若不加节制地任意索取，终会有山穷水尽的一天。

（3）“睡莲增长”的警示。

在一个池塘的水面上，长着一株睡莲幼苗，它每天长大一倍。如果对睡莲幼苗的生长不加控制，它会在 30 天内覆盖整个池塘，闷死池塘中其他所有生物。

由此可见，指数增长容易麻痹人。因为刚开始时，增长并不明显，但到某个阶段后，就可能变得“压倒一切”，成为“天文数字”，“量变引起质变”令人措手不及。

实践表明，数学教学中适当选取与学生生活、生产实践紧密联系的内容，有利于引导学生关注自然、关注社会，促进学生个人责任感、社会责任感和使命感的发展，学会关心国家和社会的进步，思考人类与世界的和谐发展。

（二）生发智慧

智慧是个体生命所具有的基于生理和心理器官的一种高级创造思维能力。智慧与智力不同，智慧是心灵的综合终极功能，智力则是生命的一部分技能。数学教学要重视数学知识、技能的教学，更要发展学生的数学思维，生发学生智慧。

1. 数学教学是思维活动的教学

“数学是思维的体操”，它深刻地表明数学可以发展一个人的思维。历史发展亦表明，“数学是科学思维的工具”。数学教学的任务是“把主要注意力放在发展学生的数学思维上”，因此，“数学教学是思维活动的教学”。

我在数学教学实践中逐渐认识到，数学教学中存在着三种思维活动，这就是数学家的思维活动（它或隐或现地存在于教材之中）、数学教师的思维活动和学生的思维活动。其关系如图 1 所示。

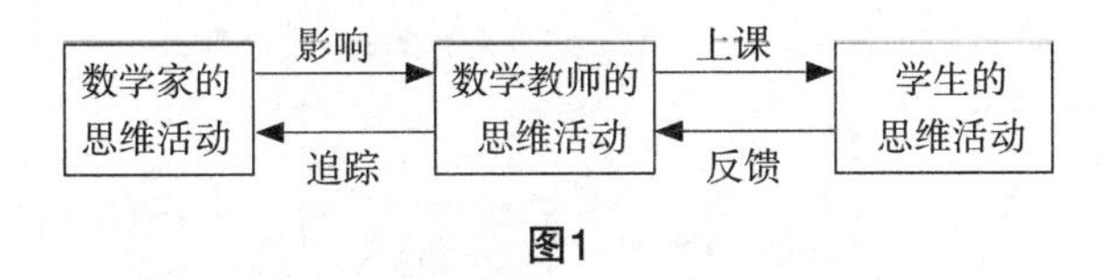

图1

为强化数学思维活动的教学，我提出了三个策略。

第一，深钻教材，追踪数学家的思路。教材中的数学知识，是数学家思维活动的成果。从这些成果中，可以追踪数学家的思维过程。

第二，模拟“发现”，“暴露”教师的思维活动。学生的思维往往是通过模仿教师的思维逐步形成的。因此，教师必须精心模拟当年数学家发现的过程。其关键在于引导学生对“原发现”进行“再发现”，为此所提供的思维素材须经过“平坡”（降低为适度的难度）、“剪辑”（适度的思维歧路）、“简约”（缩短为学生力所能及的“捷径”）的“再设计”。

第三，放手探索，激活学生的思维活动。当学生对教师的思维活动感到

“非常自然”“可以学到手”“将来是可以用得上”的时候，教师应该放手，让学生自主探索，以此激活学生的思维活动。

2. 发展智慧的一般性要素——案例 4：信息技术与数学教学整合

数学教学要超越现象和表象，引导学生发展掌握智慧的一般性要素，如观察、注意、记忆、创造、思维、语言等。教学方式变革是育人方式变革的重要内涵。大力推进信息技术在教学过程中的应用，可为学生的学习和发展提供丰富多彩的教育环境和有力的学习工具。

“曲线与方程（第一课时）”教学时，我借助电脑呈现问题，要求学生在几何画板软件中：

(1) 单击按钮“运动点 P”，观察动点 P 的轨迹是什么，其坐标 (x, y) 满足怎样的方程？(见图 2)

(2) 画出方程 $y=x^2$ 所表示的曲线，观察曲线上点 P 的坐标满足怎样的方程？(见图 3)

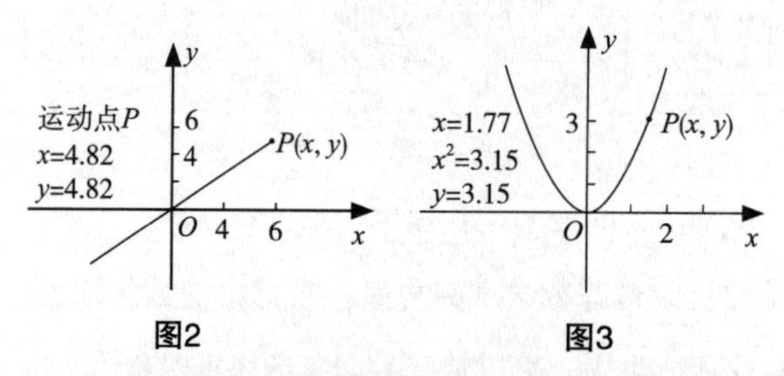

图2　图3

从中可见，曲线可以看成适合某种约束条件的动点的轨迹。在平面上建立直角坐标系后，平面上的任意一点 P 与一对有序实数之间是一一对应的。上述 (1) 是从曲线到方程，即曲线 C → 动点 P ⇔ 坐标 (x, y) → 方程 $f(x, y)=0$；(2) 是从方程到曲线，即方程 $f(x, y)=0$ → 解 (x, y) ⇔ 动点 P → 曲线 C。在此基础上，提出问题：方程 $f(x, y)=0$ 的解与曲线 C 上的点的坐标，应具备什么样的关系，才叫“方程的曲线”“曲线的方程”呢？揭示课题（见图 4）。

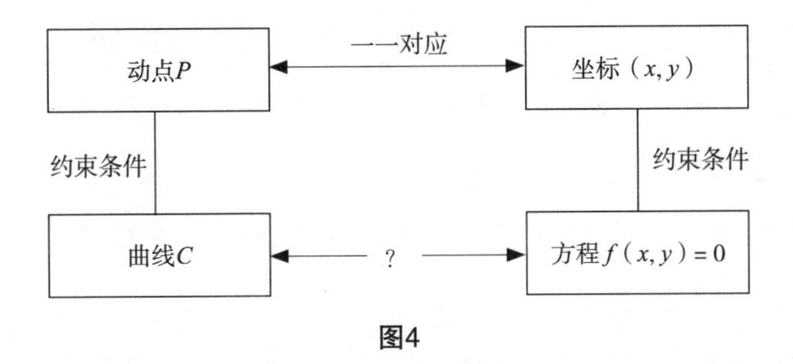

图4

上述教学，变革教学方式，运用电脑动画探究，引导学生观察，激发学生的学习兴趣，形成良好的求知意向心理；唤起学生此方面的知识与经验，突出运动变化观点，领悟动点 P 与曲线 C 的内在联系、点的坐标与方程的解的联系；注意文字语言、符号语言、图形语言的等价转换，积极探索如何用逻辑形式确切地给概念下定义，很好地发展了学生智慧的一般性要素。

3. 在发现创造中发展智慧——案例 5：一道例题引发的“发现”

在数学学习中，要善于引导学生“发现学习”，在发现创造中发展学生的智慧。

例题：已知函数 $f(x)$ 的周期为 4，且等式 $f(2+x)=f(2-x)$ 对一切 $x\in$ R 均成立。求证：$f(x)$ 为偶函数。

这是我在高三复习时的一道例题。完成该题证明后，我要求学生按四人一组对这个问题进行多方位的研究，然后交流发现的成果。

小组 A：我们主要研究了这个问题中条件与结论的关系，发现本题两个条件和一个结论三者中的任何两者都可以推证出第三者。

小组 B：我们从图像的角度进行了研究，提出以下猜想（不妨假设函数定义域为 **R**）：

(1) 若一个函数的图像有两条不同的对称轴，那么这个函数是周期函数。

（2）若一个函数的图像有两个不同的对称中心，那么这个函数是周期函数。

（3）若一个函数的图像有一条对称轴和一个对称中心（不在对称轴上），那么这个函数是周期函数。

我们四位同学分别用一个满足上述条件的具体函数检验了一下，完全对！我们正分头对此给出证明。

小组 C：我们的研究方向是给出“广义偶函数”“广义奇函数”的概念。

小组 D：这样的研究过程给了我们有益的启示：

（1）要学会知识间的综合和融合。函数的奇偶性、周期性与图像的对称性密不可分。

（2）形数结合的思想方法，在问题的发现、研究、解决的过程中都起着重要的作用。

可以说，这样的发现学习，使同学们深刻地意识到，在数学学习过程中，智慧比知识更具价值。为此，要学会举一反三，即由此及彼地横向延伸，由浅入深地纵向挖掘，由正而反地逆向探求。此外，在未来强调竞争的社会里，其实还有比竞争更重要的东西，那就是合作。因为没有合作，人们将一事无成。

（三）丰富情感

学生的学习心理分为认知因素（智力因素）和情感因素（非智力因素）。重视激发学生的情感，让学生学习的不再是“冷冰冰的知识”，可以推动学生认知活动的进行。认知和情感在数学教学中同步推进、相互渗透，有利于智力因素和非智力因素的互补，实现理性与非理性的共振。

1. 激发学生热爱数学、热爱数学学习的情感

数学教学，应该使学生认识到，数学是研究数量关系和空间形式的一门学科。数学有独特的育人价值，一方面，数学在形成人的理性思维、科学精神和促进个人智力发展的过程中发挥着不可替代的作用；另一方面，数学素养是现

代社会每个人都应该具备的基本素养。

学生通过数学学习，不仅要掌握现代生活和进一步学习所必需的数学知识、技能、思想和方法，而且要提升自身的数学素养，学会用数学眼光观察世界，用数学思维思考世界，用数学语言表达世界；促进思维能力、实践能力和创新意识的发展，探寻事物变化规律，增强社会责任感；从中形成正确的人生观、世界观和价值观。

在数学教学中，引导学生正确认识数学，理解数学学习的价值，是激发学生热爱数学、热爱数学学习情感的重要路径。

2. 提升学生的情感质量及其表达

我认为，人的本质是其情感的质量及其表达。从情感的角度来说，人的本质内涵是道德感、理智感、美感。数学教学解放心灵，就是要丰富这些情感，在形式上体验成长过程的完整性，在实质上追求成长状态的超越性。丰富情感，就是认识和开发学生数学学习的本质力量。

道德感是按照一定的道德标准评价人的思想、观念和行为时所产生的主观体验，包括热爱祖国、热爱人民、热爱社会的情感，还包括集体荣誉感、责任感和同情感。数学教学中，可以选用我国高铁列车、射电望远镜、量子互联网、“嫦娥四号”、“神舟十三”、“神舟十四”及空间站建设等科技发展成果，以及“一带一路”、冬奥、抗击疫情、精准扶贫等素材，引导学生关注社会现实和经济发展，激发学生的民族自豪感和社会责任感。

理智感是在智力活动过程中所产生的情感体验。学生在数学学习过程中对数学的好奇心、求知欲、兴趣等，以及解决数学问题过程中表现出来的怀疑、自信、苦恼、喜悦等都是理智感。比如，在解决问题的教学过程中，可以培养学生明确问题目标、调用数学活动经验、形成解题思路、结合已知条件判定哪条思路解决问题的可能性大、如何跨越最难的那道“坎”、细致准确运算、严谨书面表达、反思解题过程、丰富数学活动经验、深化数学思想理解等的理智感。

美感是按照一定的审美标准评价自然界、社会生活和文艺作品时所产生的情感体验。数学历来以其高度的抽象性、严密的逻辑性被人们所赏识，却很少有人把它与美学联系起来。数学起源于实践，正是对美的追求，才产生了数学。因此，数学教学应结合具体的教学内容让学生认识数学美的特征与表现：(1)语言美。包括文字语言美、符号语言美、图形语言美。(2) 简单美。数学的简单美包括数学结构的简单美、数学方法的简单美、数学形式的简单美等。(3)和谐美。如著名的黄金分割比 0.61803398……在许多艺术作品、建筑设计中有广泛的应用。(4) 奇异美。如数学的无限性、突变性、反常性、奇巧性、神秘性等，都表现了数学的奇异美。(5) 对称美。在古代“对称”一词的含义是“和谐”“美观”。数学中的对称美比比皆是。此外，还有创新美、统一美、类比美、辩证美、抽象美和自由美等，限于篇幅，不再赘述。

3. 发展良好的师生情感——案例 6：“老板”

1992 年教师节前夕，一名学生给我寄来贺卡。她写道：周老师，您的课上得真好，我们喜欢您！老师，告诉您一个秘密，您知道我们为什么叫您“老板”吗？是因为，您和我们在一起时从来不笑，平时老是板着脸，上课也老是板着脸（简称“老板”）……

我当时看完一笑了之。然而，过几天又翻看这张贺卡时，促使我反复审视“老板”：

——教学工作中是否有情感因素？

——情感在教学工作中的功能如何？如何应用？

——中学生的情感有何特征？

——师生情感的发展大致有几个阶段？各个阶段又有哪些特点？

这几个问题时时萦绕在我的心头。带着这样的反思，我发现教育理论界在此时恰好有了“情知对程”的提法。在教学实践的摸索研究中，我就此取得了一系列的研究成果：《“人际关系”教育在数学教学中的作用》在 1995 年第 1 期的《数学教师》上发表,《情趣 · 理趣 · 谐趣》在1994年第6期的《中学教研(数学)》上发表,《激励理论及其在中学数学教学中的应用》获江苏省第三届“五四杯”论文大赛一等奖。

亲其师，信其道。从此，我在课堂教学中有了发自内心的、真诚的而又得体的笑容。至今，我还将学生的那张贺卡珍藏在心底。

（四）完善人格

人格是人的个性特征，是人的独特性的综合反映。人格完善的人是共性与个性的和谐统一。从心灵的角度看，人的本质特性分别表现为理性、高级情感和善，分别对应人的认知、情绪和意志活动。因此，完善的人格包括相互联系的、相互补充的、稳定的智慧人格、审美人格和道德人格。人格完善是使学生将聪明才智、丰富情感和责任担当转化为实践创造的动力机制。在数学教学中，教师要善于从认知的角度发展学生的智慧人格，从情绪情感的角度发展学生的审美人格，从意志的角度发展学生的道德人格。

1. 案例7：让学生掌握适切的学习方法，变得更“聪明”

数学，历来是高中生觉得“难”和“繁”——也是投入精力最多的学科之一。因此，在数学教学中加强学法指导，可以促进学生的数学学习，让学生变得更聪明，促进智慧人格的发展。

我从1989年起，历时30余年，对1000余名高中生（来自农村一般完中、省重点高中、首都示范高中）进行大量调查研究，展开四轮学习方法指导实验。第一轮主要研究高中生数学学习方法的现状、学习不得法的表现及其成因，以及在中学数学教学中加强学法指导的原则和方法，引导学生掌握“四环一步学习法”程序图。第二轮实验（1992年起）主要探讨中学数学学法指导的内容，以及在数学课堂教学中通过教法改革加强学法指导的途径。第三轮实验（1995年起）是基于元认知的学法指导，分析了元认知的功能与特征，以及在数学教学中如何提升学生的元认知体验。第四轮实验（2020年起）是基于居家线上学习，促进自主性的学法指导。我就此也取得了一系列的研究成果，有力地促进了学生学习，让学生学会、学好、学足。

2. 案例8：在解题教学中培养学生抗挫折的能力

所谓挫折，是指个体在从事有目的的活动中受到阻碍和干扰，其动机不能得到满足，目的不能实现时的情感、情绪状态，亦称心理挫折或挫折感。

当今，似乎有越来越多的中学生意志脆弱，经不起挫折甚至根本谈不上挫折的一点不如意、一件小事，就足以让他伤心、落泪、沮丧，甚至怀疑人生。抗挫折能力是学生将来成为社会主义建设者和接班人所不可或缺的素养。

培养学生抗挫折的能力是数学教学中完善人格的重要内容之一。解题教学无疑为此提供了一个得天独厚的舞台。事实上，“教学生解题是意志的教育”。具体措施主要有：

第一，要使学生知道人人都会遇到挫折，心理挫折是经常产生的一种心理状态。

第二，要使学生学会分析解题受挫的原因，掌握一些应付挫折的方法。

第三，要让学生亲自去征服挫折。教师不要越俎代庖。我的重要体会是，数学教学不能一味讲“巧”办法，更要花大气力进行显得有点“笨”的“通性通法”的教学，从中“熟能生巧”。

第四，要有计划地为学生设置一些他们能够克服的障碍，提高学生征服挫折的能力。我经常采用以下方式：(1）在数学问题中，“巧设陷阱，故布疑阵”，提高学生的观察审题能力；(2）在解题过程中鼓励“一题多解”，举一反三，触类旁通，配置适度的较繁杂的运算；(3）对数学问题注重“一题多变”，纵向挖掘，横向延伸，逆向探求；(4）进行“错解剖析”，即把学生作业、练习中的典型错误搜集整理后再让学生剖析，以利于“防患于未然”；(5）加强“题后回顾”，形成学生对“问题—联想—变换—解题”之间有机的信息链，完善解题结构。

三、“数学教学解放心灵”思想的形成与辐射

回溯自身教学思想萌芽、发展、形成与辐射的过程，较为深刻的体会有以下五点。

（一）把软件练成硬件

任教以来，我一直追求“顶天立地”，即教学基本功立地，教学理念顶天，把教学基本功这一“软件练成硬件”。我坚持将教室当成重要的练功房，将三尺讲台当成非常好的练功台，将学生当成促进我提高的关键助手；坚持“练心”——提高自己的专业理念与师德；“练情”——培养热爱每一个学生的感情；“练口”——锤炼准确而生动的教学语言；“练手”——练得一笔好字、一手好文章、一手好技术（信息技术）；“练艺”——提高课堂教学艺术、育人艺术。1992年，经校、县、市、省级层层比赛，最终我代表盐城市在江苏省优秀青年高中数学教师优质课评选中取得理想的成绩，被评为盐城市优秀党员。

（二）在教研中精进

从教后不久，我就感受到教学研究的力量。教学研究的落脚点在“教学”上，着眼点在“育人”上；为了“教学”而“研究”，而“研究”的目的是“育人”。研究方式上注重求“真”：研究真问题，真研究问题，研究出真知。研究路径上基于“教学四面体”展开：一是研究数学，理解数学；二是研究学生，理解学生；三是研究教学，理解教学；四是研究技术，理解技术。我每年订阅十余种数学期刊，阅读几十本教育名著，提升理论功底。坚持教学研究，取得了丰厚的教学成果。2000年，我被评为江苏省中学数学特级教师、苏州市名教师。

（三）在科研中飞跃

到苏州实验中学任教后，我被市教研员委派担任该教研室主持的江苏省教学研究重点课题“利用 CAI 优化中学数学教学”课题组组长，开始了规范的教育科研，促进我成为研究型教师。担任副校长负责学校教科研工作后，我更是逐步认识了教育科研的本质：它是一种基于解决问题的规律认识活动，是一种促进教育教学质量提升的价值活动，是一种创新教育教学实践的艺术活动。中小学教育科研要注意把握问题性、科学性、反思性、创新性、微观性及限制性等特点，注重科研兴校和校兴科研。这些年来，我先后主持承担全国性教育课题五项、省市级课题十余项，获第四届全国教育科学研究优秀成果二等奖、全国教育科研杰出校长等奖项，被海淀区教科院聘为兼职研究员，先后被评为北京市优秀教师、优秀共产党员、师德先进个人。

（四）在写作中建构

我注重在教学经历中积淀教学经验，用理论框架反思教学经验，进行专业写作，揭示教学规律，笔耕不辍，赋予教学规律个性化的阐述，建构与凝练自身的教育思想。从教以来，已在《教育研究》《数学通报》《中国教育学刊》等刊物上发表学术论文 130 余篇，其中 15 篇获国家、省级论文一等奖，10 余篇论文被《新华文摘》《中学数学教与学》及人大复印报刊资料全文转载；个人教育专著《教育解放心灵》即将出版。

（五）在引领中丰富

在自身成长的过程中，我一直注重毫无保留地指导青年教师发展，方式包括听课评课、教学研究、教育科研、基本功比赛、教学比赛、专家报告等。经我指导，多名教师获得全国青年数学教师优秀课展示与评选一等奖。担任学校领导后，我更是全方位指导教师的专业发展，在成就教师中丰富自己。为提升引领本领，我还攻读了博士学位。我被聘为教育部校长、教师“国培计划”专家库专家，教育部基础教育数学教学指导委员会委员，北师大校长培训学院兼职教授，创新人才教育研究会常务副会长等。

上述过程中，我的教育教学理念不断升华，逐步形成了“数学教学解放心灵”的教学思想。

庄惠芬

庄惠芬，正高级教师，江苏省特级教师，江苏人民教育家首批培养对象、2022 年入选教育部新时代名校长培养计划，现任常州市武进区星河实验小学党支部书记、校长，教育集团总校长。被授予“全国五一劳动奖章”“全国优秀教育工作者”“江苏省先进工作者”“常州市特级校长”等称号。出版《站起来的儿童数学》《面向儿童创想家的教育》等专著三部，获得全国、省级基础教学成果一、二等奖。

站起来的儿童数学教育

刚工作时，我发现班级中15%～25%的学生存在数学学习不良、具有学习障碍的现象，老教师说这样的现象很普遍、很正常，犹如一个人的十个手指头总会有长短，让我们不要在意，保持良好心态。可是这些孩子的困难却一直萦绕在我的心头：这是每个班级学生学习数学产生的普遍现象还是个例，15%～25%是特例还是一个常数？数学学习不良严重影响着儿童其他学科以及未来发展，针对学生数学学习不良呈现出来的害怕学、失败学、困难学等系列学习问题，孕育出紧迫且有着针对性的教学改革需求，也就有了我20多年的积极探索。

迄今为止，儿童的成长密码还远没有被我们成人完全发现。在儿童数学学习的路上，我们需要从对"群体儿童"的控制走向对"个体儿童"的关注，从对"应然儿童"的假设走向对"实然儿童"的思考，从"发展儿童"走向"儿童发展"。在我看来，儿童首先是"玩童"。玩是儿童的天性，玩是儿童的兴趣所在，这意味着儿童的数学学习是伴随着做、学、玩合一的过程。其次，儿童是"丸童"。虽然他们个子小，但能量很大，这意味着我们要去发现儿童的无限潜能。最后，儿童是“完童”。儿童作为完整的人，在学校应该享受完整的教育，这意味着我们要为儿童提供全面发展的教育。于是，我提出了“站起来的儿童数学教育”这一主张。

一、什么是“站起来的儿童数学教育”

“站起来的儿童数学教育”的育人主张是让数学学科育人根本任务形象化、具体化。这里的儿童是指小学阶段的学生，儿童是天生好奇者、积极探索者、快乐游戏者、主动创造者；以儿童需求为育人出发点，明确了儿童数学教育的基本问题和核心观点，发现儿童成长需要遵循儿童发展规律，形成挺立的数学精神、立体的数学学科内涵、站立的数学课程品质、带得走的儿童学科素养。

挺立的数学精神。站起来的儿童数学教育，真正以儿童为中心，尊重儿童、理解儿童、发现儿童，学生在玩中发现数学问题，探究的兴趣也油然而生。学生在动手操作中积极探索，建立数学概念表象，运用了大量的直觉思维——归纳、类比、比较、想象、猜想……让儿童在做中学、学中思、思中创，在此过程中不断成长。

立体的数学学科内涵。儿童学习数学就是一个将现实问题抽象为数学问题，让儿童经历再创造的过程。站起来的儿童注重做、学、玩合一，思、创、行一体，在数学学习中不断经历再创造的过程，不断建构起自己的数学世界。

站立的数学课程品质。数学学习过程是学生数学认知结构能力的建构过程，儿童的数学世界、儿童的数学生活、儿童的心灵成长都是按照发展阶段的严格顺序发生数次结构性转变的。

带得走的儿童学科素养。要达到个人充分的、全面自由的发展，只能是通过实践，而且只有在个人本身获得能够自由驾驭外部世界的力量的时候才能实现。站起来的儿童数学教育，注重动脑、动手、动口，注重儿童心灵的舒展，促进儿童自由而又主动地发展。

在我看来，“站起来的儿童数学教育”犹如一只鼎，支撑这只鼎的三足是数学之真、数学之善、数学之美。数学之真在于让儿童求真，在数学学习中学会理性思维，客观地看问题；数学之善在于臻善，在数学学习中养成实事求是、一丝不苟的数学精神；数学之美在于尚美，在数学学习中体验简洁明了、和谐美好的数学文化。“站起来的儿童数学教育”就是要让儿童获得这“三足”，给孩子找到支点、找到支撑，让儿童自如地行走、自由地奔跑、自主地建构。

二、“站起来的儿童数学教育”的原理依据

“站起来的儿童数学教育”之“站起来”是对儿童生命成长规律的把握，是对儿童数学学习特点的理解，是对儿童数学教育原理的建构。“站起来的儿童数学教育”不仅从哲学上找到依据，而且还借鉴心理学、数学教育学等研究成果，构成“站起来的儿童数学教育”的基本原理。

下面，我以“认识平行四边形和梯形”为例，从单元整合的角度出发，分析教材、发现问题、重组教学。“三单式”的探索实践证明，基于结构化的单元整合使学科知识更具系统性、教学更具结构性，学生的学习可以更有效且富有挑战性。

一、前学单：摆一摆，摆出的可能

（1）用两根小棒摆一摆，你觉得分几种可能？

（2）用两个图形叠一叠，你能交叠出怎样的平面图形？

二、合学单（一）：两个图形叠加出新的四边形

（1）小组合学（长方形、正方形、三角形中任选两个）。

试一试：个人任选两个图形重叠在一起，小组能想办法叠加出不同的四边形吗？

分一分：把你叠出的图形请出来，小组能将叠加出四边形的情况分分类吗？

比一比：分出的同一类图形中有什么相同的地方？

（2）交流小组合作的情况。

找一找：请出不同的四边形，如长方形、正方形、平行四边形、菱形、梯形、任意四边形。

分一分：第一次分，研究过的有长方形、正方形，未研究的有平行四边形、梯形、菱形、任意四边形；第二次分，一是平行四边形、菱形都归为平行四边形，二是将任意四边形和梯形归为一类。产生争议的同时产生研究的需要，提问：研究什么？怎么研究？同时边学习边用思维导图记录研究的进展。

三、合学单（二）：叠加出平行四边形的秘密

（1）小组合学。

想一想：这节课你决定研究平行四边形的哪些方面？

猜一猜：平行四边形可能有哪些特点？

验一验：你准备用哪些办法验证你的猜想？如果不动手操作，你有办法验证吗？

说一说：把你的方法和发现在小组里交流一下。

记一记：用图、表或文字把你们采用的方法和发现的特征整理出来。

（2）大组交流。

小组上台展示交流发现的结果与探索的过程，引导大家思考：如果不动手操作，你也有办法验证这些猜想吗？（深化推理）个人边交流边学会整理完善你觉得重要的特征与方法。

四、合学单（三）：自主探索梯形的特征

（1）引导：要探索梯形的特征，你准备经历怎样的过程？采用怎样的方法？

（2）请你自己设计一张学习单。

（3）自主探索梯形的特征、各部分名称。

（4）组织大组交流，引入梯形的各部分名称、类别。

这一案例中可以折射出的是“站起来的儿童数学教育”蕴含的教育原理，我想需要体现以下四个维度。

（一）数学建模原理

数学即模型，数学建模就是让儿童经历问题情境—发现问题—建立模型—检验—解释、应用与拓展的过程（如下图所示），把现实世界中的实际问题加以提炼，抽象为数学模型。在这个过程中，让儿童获得概念模型、方法模型、结构模型等。“站起来的儿童数学教育”抓住模型思想，就是抓住了数学的建构，能够高屋建瓴，鸟瞰数学，深入实际，开辟一条对数学、对儿童学数学本质精准把握的儿童数学教育的新路径。

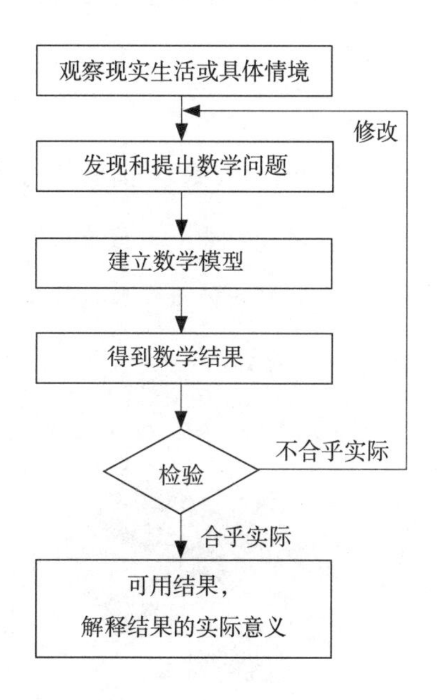

（二）自我建构原理

“站起来的儿童数学教育”关注儿童的内在价值，强调儿童主体存在，从而建构儿童完满人格。站起来的儿童数学教育，为不同个性、不同水平的儿童提供相应的思维场，让儿童在数学观察、积极尝试、发现问题、大胆猜测、主动验证、得出结论的过程中自主建构，通过不同的方式发现问题、探索数学、体验成功。

（三）全脑思维原理

人脑包括左、右两侧半球。一般来说，左脑的主要功能是言语、书写、分析、逻辑推理、数学运算、抽象思维、形成概念等，具有连续性、有序性、分析性的特点。右脑的主要功能有空间方位辨别、几何图形识别、形象思维、开展创造性和综合性活动等，具有连续性、弥漫性、整体性的特点。儿童数学学习的过程需要直观形象，也需要逻辑抽象，需要二者很好地结合。如“平行四边形和梯形的认识”教学片段。

片段一：动手操作，交叠感知四边形的形象

师：孩子们，我们先一起来玩个“叠”影重重小游戏，在1号材料袋中有一些像这样半透明的图形。你可以任选两个，像这样交叠在一起，看一看，交叠出了什么图形？动手试一试吧。课件演示：

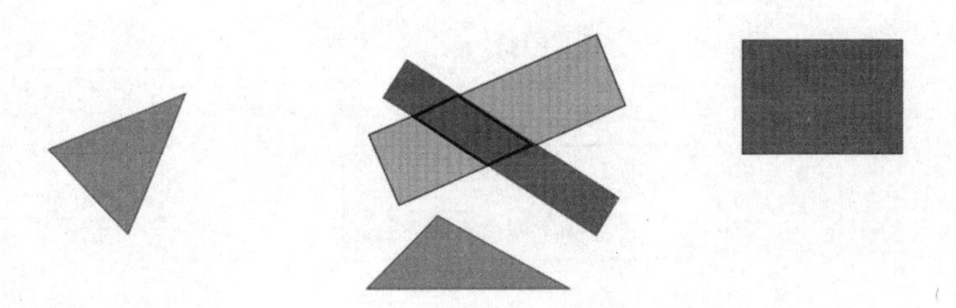

（学生动手操作。）

师：大家都交叠出了什么图形呢？谁来向大家介绍一下你用了哪两种图形，又交叠出了什么图形？

生：我用两个长方形交叠出了平行四边形。

生：我用两个长方形还交叠出了长方形。

生：我用长方形与三角形交叠出了梯形。

生：我用三角形和三角形交叠出了一般的四边形。

……

师：老师也收集了同学们的一些作品，交叠出的图形你们都认识吗？谁能分分类，介绍一下。

（生分类介绍交叠出的图形名称。）

师：在这些图形中有一些我们已经认识并且研究过了，比如长方形和正方形。你还记得是怎么研究的吗？我们研究了长方形和正方形的什么？

（师生一起回顾研究长方形和正方形的过程。）

（四）情理交融原理

数学是情趣与理趣的交融。如果数学缺失了情感，它就只是冷冰冰的知识体系；如果教学缺少了情感，就没有想象、发现、创造和美感。我追求“融情于理，融情于智，润泽生命”的儿童数学，是基于儿童的认知特点和学科特性，把师生的情绪、情感、情意、情趣融进数学的学习中。真挚的情感会深深融入儿童的内心世界，更好地促进儿童成长。

三、“站起来的儿童数学教育”的实践建构

我们在努力种一棵叫作“儿童数学”的树。这棵站起来的儿童数学之树，其根是儿童数学的真善美，核心是儿童，三个主要枝干为站起来的儿童数学学习、站起来的儿童数学课程、站起来的儿童数学教学。

（一）主体立场，站起来的儿童数学学习

1. 以儿童的学为起点

起始之点。教学从哪里开始？奥苏贝尔（Ausubel）认为，影响学习的重要原因是学生已经知道了什么，我们应当根据学生原有的知识状况去进行教学。在我看来，教师要善于从认知起点、思维起点、情感起点这三个维度把握儿童学习数学的锚桩，从知识体系的维度把握认知起点，在儿童思维发展的维度把握思维起点，在儿童数学学习的情趣中把握情感起点，寻找学习数学的“最近发展区”与“最优发展区”，在儿童愿意学、善于学、主动学中开启数学学习之门。

预习之理。真正意义上的预习在数学教学中有着独特的价值。儿童需要预习吗？儿童能够预习吗？儿童喜欢预习吗？在预习中我们需要给儿童有效的指导，如指导学生列出预习提纲、做好预习笔记、设计预习菜单（如下表为“长度单位”单元预习单）。在预习的基础上如何展开教学，这更是值得重视的。儿童“看得懂”的，教师就作“点接”；儿童“说不透”的，教师就作“点拨”；儿童“道得明”的，教师就作“点化”；儿童“写得出”的，教师就作“点评”。

“长度单位”单元预习单

序　号	预习单内容	预习呈现反馈
1	我们将学习“长度单位”，说一说你知道哪些长度单位？还想知道哪些长度单位	思维导图或表格
2	初读《我家漂亮的尺子》绘本，说一说书中有哪些测量方法？与你知道的长度单位一样吗？你有什么想法	语音或画图
3	阅读课本，了解古人是如何测量的？与《我家漂亮的尺子》中的方法一样吗？说说自己的想法	阅读、语音
4	再读《我家漂亮的尺子》，说说你身体上有哪些尺子？并用自己的身体尺量一量家里的物品，你有哪些发现	文字、语音或思维导图
5	阅读教材并与家人一起做这个游戏：用你的一拃长测量你家餐桌的长或其他物品的长，用爸爸（或其他家人）的一拃长也测量一下，你有什么发现？你有什么想法	操作、视频、语音

同理之心。站起来的儿童数学学习需要同理之心。同理之心就是在彼此交往中能比较正确地了解他人的感受、情绪和境地，在情感上给予理解、关怀和帮助，从而形成彼此的认同与心理的融洽。儿童在数学学习的过程中，不是简单地带着理性的躯壳进入冰冷的数学文本的，他必定是带着自己已有的认知基础、思维方式、情感态度走入学习场的。教师要走进学生心灵，了解他们真正的内心需求，尝试适合他们的教学手段，寻找他们感兴趣的学习内容，探究适合他们的学习方法，促进他们的自我成长。

2. 以儿童的思维发展为核心

在多年的数学教学中，从一年级到六年级，我们在儿童形象思维能力与逻辑思维能力的培育方面做了很多尝试。我们还从不同的层面去关注系统思维、图构思维、批判性思维、非逻辑思维、辩证思维等的价值与作用。

系统思维。培养儿童的系统思维，是为了让儿童有开阔的数学视野，面对问题能整体分析、全面思考，能对解决问题的方法与策略进行综合优化，从而使儿童的数学学习不再局限在点点滴滴的散状知识中，不再停留在亦步亦趋的方法模仿中。

图构思维。德国数学家菲利克斯·克莱因（Felix Klein）认为，数学的直观就是对概念、证明的直接把握。通过形对数的描述、数对形的表达，数与形的不断结合、不断构造，促进儿童对数学问题的直接洞察，充分发挥图构在儿童思维生长中的作用。借助诸如直观形象图、数学概念图、逻辑思维图、数量关系图、知识网络图等，教师可以促进儿童对数学问题的理解与分析；依托数与形的结合，教师可以让儿童真正理解数学概念，发现数学规律，获得数学方法，拥有数学思想，从而促进儿童数学素养的提升。

批判性思维。培养学生的批判性思维，使学生学会“批判”，是一个渐进的过程，需要通过环境营造、障碍消除、语言激励、角色互换等培养批判意识。运用反例法、反证法、排除法、比较法等，尝试客观批判，贯彻一分为二的思想，进行恰如其分的表达。

非逻辑思维。非逻辑思维是相对于逻辑思维而言的，它也属于科学思维的范畴。非逻辑思维主要是根据情境和所提供的各种相关信息进行独特而综合性的思维，它不受程式化的程序束缚，不受固化的逻辑规则的约束。儿童在具体场景中产生灵感思维、直觉思维与顿悟思维，绽放出创新的火花。

辩证思维。数学是一门理性的学科。儿童在数学学习的过程中，需要实事求是、客观理性、一分为二地看待问题，需要从不同的角度关注问题，需要通过动手做去解决问题。一、二、三年级是儿童辩证思维的启蒙期，四年级是辩证思维发展的转折期，五、六年级是辩证思维的发展期。教师要挖掘数学学习内容中辩证思维的要素，促进儿童辩证思维的渐次培养。

（二）校本再造，站起来的儿童数学课程

以建模思想为支点，基于课程标准构成适配的儿童数学课程，以核心素养作为课程目标的旨归，进行基于建模思想的小学数学“三材”（教材、学材、习材）开发，立体建构对儿童数学课程的理解。

教材的研读和整合。以课程标准为准绳，通过对不同版本教材的解读，汲取其共同的逻辑线索与数学文化，把理想的课程变成现实的课程，逐步形成适合教师和学生独有的教材体系和教学策略。一是用结构的方式研读知识体系。从儿童认知结构的形成、发展规律出发，站在数学知识体系的整体角度，把握、理解和处理教材，让儿童感受知识的来龙去脉，从中感受数学的知识结构、方法结构。二是从核心知识的角度研读内容维度。对每一项数学学习内容，从数学模型这个核心角度把握数学的思想精神、数学的思维方法和看问题的着眼点。三是从儿童的角度理解教材。尊重儿童的学习需求，把握思维的梯度，从为教而教走向为学而教、为人而教，让儿童徜徉在充满乐趣的数学之旅中。

学材的开发和研究。为学生提供教科书之外与学习内容相关的、指向学生兴趣发展的各类学习材料，在数学与美学、数学与历史、数学与体育、数学与艺术等方面将数学的理性之美与数学文化之善对接，开发系列学材课程，成为学生的学习伙伴和学科辞典。

习材的编制与优化。从绿色套餐、银色套餐、金色套餐的习材编写，让不同的孩子在学习中有不同层次的选择，提供不同的套餐，轻负担高质量。在此基础上把学习方法、学习习惯、探究性学习能力的培养统整起来，为学生的个性发展提供时空，切实减轻儿童机械、重复且过重的学业负担。

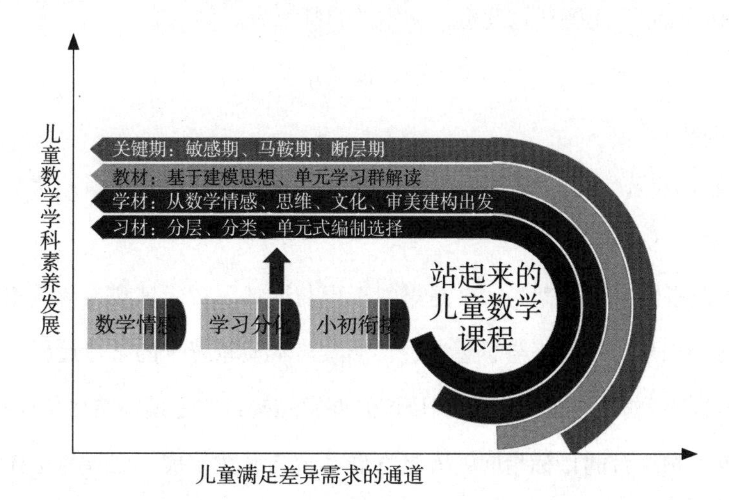

通过学校数学课程情境分析、学校课程建构的需求调研，我们构建了“一体三翼、四轮驱动”的课程体系：“一体”指站起来的儿童数学教育；“三翼”指国家课程（教材）的校本化、校本课程（学材）的个性化、生本课程（习材）的人性化；“四轮”指必修与选修、显性与隐性、共性和个性、国本与生本，形成多元、开放的课程体系。

（三）整体把握，站起来的儿童数学教学

1. 构建童本课堂模式

童本课堂特点：问题导向、自主探索、体验创造、立足素养，真正让儿童做、学、玩合一，思、创、行一体。所形成的基本教学模式如下图所示。

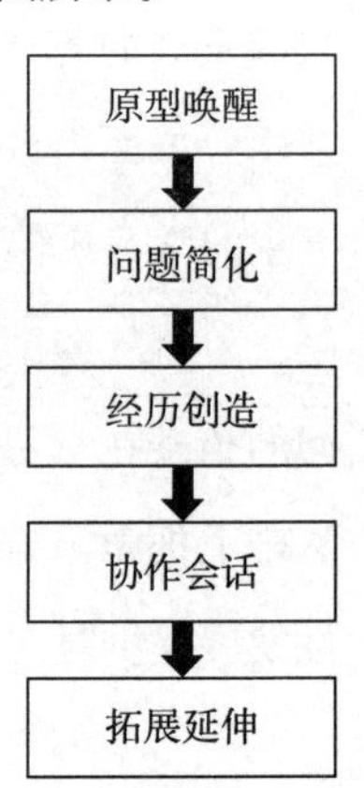

“原型唤醒”，让儿童亲身体验生活，从生活原型中找到数学模型，主动获取真实信息。

“问题简化”，以问题为导向，让儿童从纷繁复杂的具体情境中发现问题，抽象出数学问题。

“经历创造”，让儿童的数学学习经历再创造的过程，经历问题的发现、规律的探索、模型的建立等过程。

“协作会话”，主要通过儿童、文本、教师三者之间的有效协作，体悟数学之美，为儿童合理建模奠定基础，在儿童的世界里共生。

“拓展延伸”，通过寻找知识与儿童生活的最佳结合点，丰富儿童心智，完善儿童人格，获得数学之善。

童本课堂的六个支架为：一是融情于理与融情于智、理趣与情趣相融合的教学风格；二是思维训练与思想渗透、形式与本质相统一的学习过程；三是线性教学与板块教学、条状与块状相协调的课堂结构；四是模型结构与自我建构、协同与自主相结合的目标指向；五是发展儿童与儿童发展、主导与主体相结合

的教学策略；六是做学玩与思创行一体、数量关系与空间形式的融合。

2. 把握儿童数学学习的三个关键期

“心理敏感期”，幼小数学学习的过渡。把握从幼儿园升入小学的儿童的认知阶段性——从口头语言发展到书面语言，从直觉行动思维转变为具体活动，从游戏活动转变为掌握间接经验活动。把握目标的连续性，通过儿童自身的活动对客观世界中的数量关系和空间形式进行感知、操作、发现、探究，获得感性经验。把握时间的弹性化，通过游戏与实物操作学习，弹性地调整一年级儿童的上课时间，通过动静交错的教学方式，维持课程内容的相关性与延续性。

“成长马鞍期”，中年级数学学习的适应。三、四年级是儿童的“成长马鞍期”，这时的数学学习对于有些孩子来说是成长中的“一道坎”。有近十分之一到四分之一的儿童存在学习适应性不良的问题，出现对学习的焦虑和恐惧等状态。所以在儿童数学学习中，教师要通过丰富的情境迁移，唤起儿童积极的认知；通过积极的心理暗示，让儿童不断激发对自我的认同；通过内容的适度调试，注重学习内容与认知方式的匹配；注重爬坡而行，减少数学的两极分化。

“学习断层期”，中小学数学学习的衔接。虽然数学课程标准是九年一个整体编制，但无论是教材编写还是教学的展开都是“各自为政”，所以儿童的数学学习从六年级到初中会产生明显的断层期。教师要注重课程目标、课程内容、课堂教与学方式的渐次变化，注重儿童数学学习习惯、思维方式、学习心理、学习强度的渐长适应，通过知识、经验、思维、思想上的衔接，为学生的可持续学习奠定基础。

（四）立体建构，站起来的儿童数学教育

儿童数学学习恐惧感、分化感、障碍感的破解，在低、中、高年级分别侧重推进数学游戏化学习、数学实验学习、数学建模学习。三种学习方式针对年段各有侧

重，但是又彼此关联，学段贯通，螺旋进阶形成儿童“乐学数学”的学习方式。

在二年级儿童学习了加法、减法、乘法、除法四则运算后，我就研发了二年级“加减乘除的整理”的整理课，下面以此为例。

一、开启问题箱，产生动机

加减乘除的整理有必要吗？加减乘除之间有怎样的关系？加减乘除，你会怎样整理？加减乘除之间有联系吗？加法和减法之间有什么联系与区别？加法和乘法之间有什么联系与区别？乘法和除法之间有什么联系与区别？减法和除法之间有什么联系与区别？加法、减法、乘法、除法的运算之间能相互转换吗？

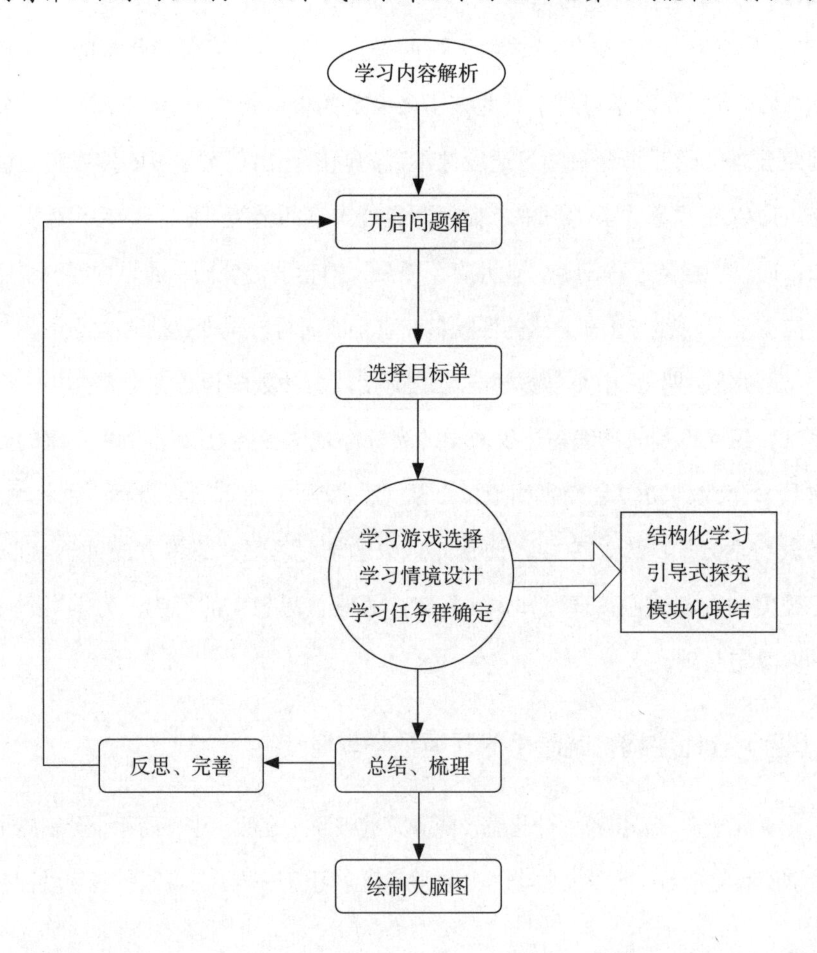

当这些理性的问题摆在二年级孩子面前的时候，是不大可能激发儿童的兴趣和探究动机的。于是，还原到真实的动物世界游戏情境米奇王国的运动会中，米老鼠两次跳远会取得怎样不同的成绩?（加和减的关系）米老鼠和唐老鸭在长跑比赛中谁更可能赢呢?（加和乘的关系）发行了多少米奇的纪念邮票?（乘与除的关系）在分发邮票中又可以怎么进行呢?（减和除的关系）

米老鼠的跳远动作游戏，伴随着儿童视觉、动觉、触觉等能力的发展，神经元负责着儿童大脑信息的收集、加工、整合与处理，包括视听觉等空间解决、即时处理和敏感性。数学游戏的探索过程对促进儿童的脑功能活动有着重要的作用。

二、组块状激活，有意义地选择

追根溯源，寻找加、减、乘、除运算的原型，才能更好地从源头上了解四则运算之间的关联。

通过把教材中隐性的加减乘除四则运算的结构以复习、整理、抽象、建模的方式，形成“分”与“合”的运算模型，来理解教材的知识体系，并通过实物、面积、数轴、坐标等数学模型进行加减乘除之间相互联系与规律的探索，如此设置的目标活动都是有趣的吗？于是，我设计了米老鼠和唐老鸭的运动游戏，促进学生多感官的发展、视觉短期记忆的延长、多任务处理和执行技能等认知技能的提升。

三、神经元联结，有结构地镶嵌

调皮的米老鼠在这条有数的横线、竖线上蹦蹦跳跳开始玩着跳格游戏，横线和竖线在游戏中变成了坐标轴。通过不同形式的游戏练习，学生在游戏情境中实现加法、减法、乘法、除法等运算之间的相互转化，沟通它们之间的内在联系。学生能计算坐标轴中线的长度和条形的数量，感受数与形、形和式之间的关系，发展几何直观和培养哲学思考；渗透推理、数形结合、函数、极限、转化、抽象概括、模型等思想方法。这期间需要儿童多个脑区的协同、神经系统的编码，将零散的珍珠串成美丽的项链。

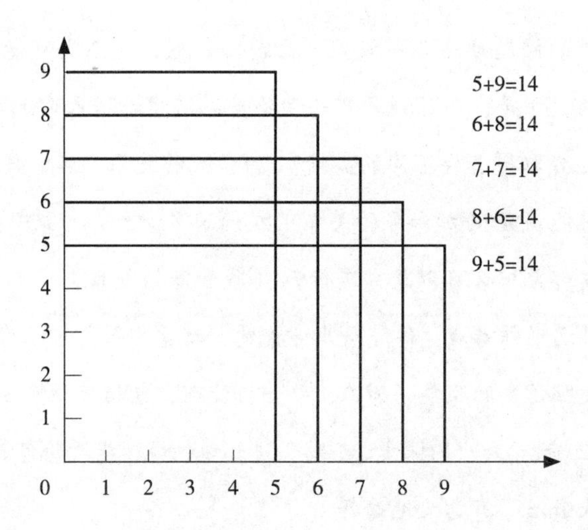

四、画大脑地图，左右脑协同

利用现有的资源打造出引人入胜的体验，从而驱动参与者做出你想要的行为。于是，我设计了搬鲜花的游戏场景。米奇广场在周年庆的时候要美化布置，如果聘请你来当小小设计师，用 23 盆鲜花来美化米奇广场，你觉得排成怎样的造型呢？每一个孩子都能将左脑的理性与右脑的感性相结合，应用自己的图式表达，设计出如下的各种造型。

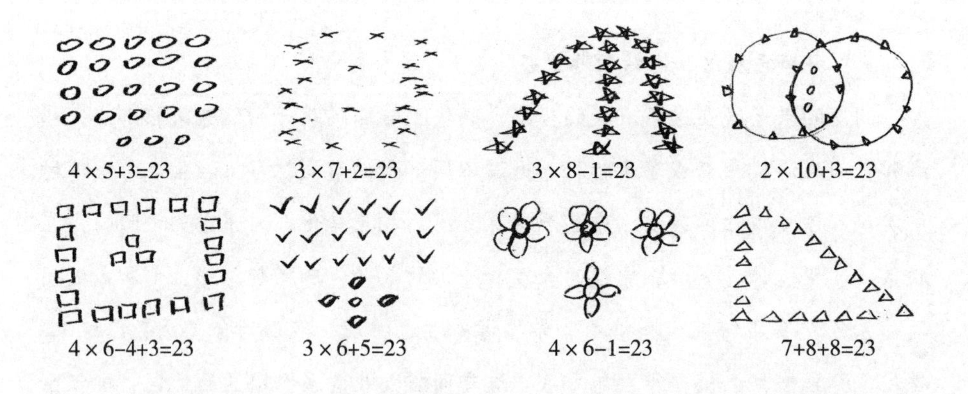

再加上音乐、图片，美感营造出内心愉悦感，让大脑分泌大量神经递质，加速神经元之间的信息传递。学生们的兴奋改善了大脑的功能，反映出数学的

审美和文化本质。艺术与数学结合经常在课堂上使用，孩子也可以从中获得美感，年轻的心灵是湿润的，儿童生命体也显示出多元的颜色。

1. 游戏化学习激发儿童的数学情感

低段观照游戏化动机，基于核心的结构学习；中段重在游戏化思维，基于问题的在场学习；高段侧重游戏化精神，基于项目的协作学习。在真实环境中，我设置了主题化问题的锚桩——生成性过程，搭建合作性探究的脚手架——相似化模块，构造元认知体验的思维泵。

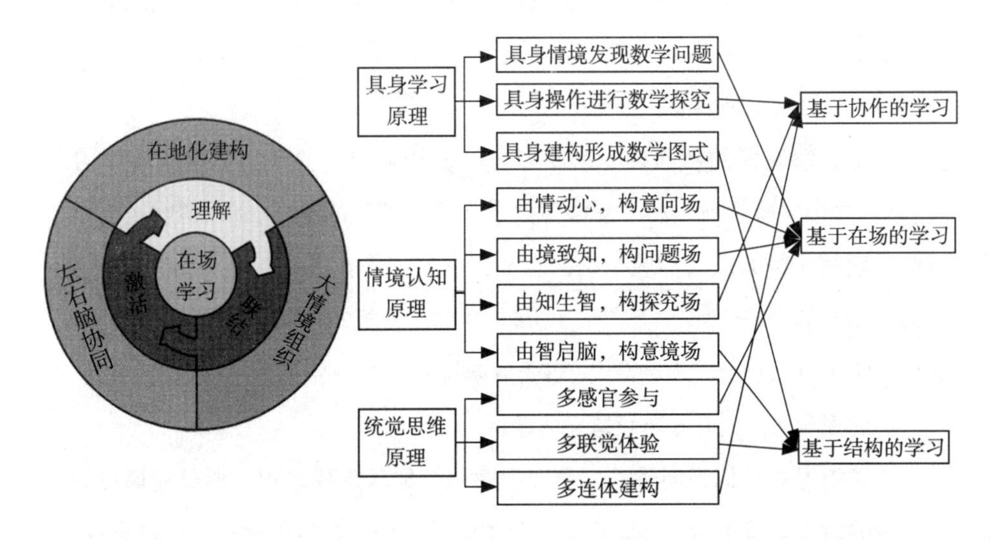

形成游戏化学习的相应策略：一是具身认知观照下的数学游戏化学习。它是指构建游戏化学习的“境”，生长游戏化学习的“力”，游戏让教学与评价融为一体。二是情境认知观照下的数学游戏化学习。首先，披情入境，基于情境认知的游戏化体验学习；其次场景串联，基于具身认知的游戏化实践学习。三是小学数学游戏化学习中儿童心理动作的发展。在不同类别的数学游戏化学习中如何真正促进儿童的心理动作发展，基于儿童学习机制的小学数学游戏化教学基本路径，主要包括质疑表达、感悟迁移、探究合作、数学游戏情境创设等。

2. 实验学习让儿童易于经历再创造过程

以数学实验为载体，不仅使学生主动地去获取知识，徜徉在数学实验室的观察、探究和发现中，让儿童的数学学习真正做到做学玩合一、思创行一体。

一是建构儿童数学实验的场域。一个玩数学“应有尽有”的空间，与儿童从一年级至六年级数学学习的序列性和内容的层次性相匹配；一个做数学“即时即地”的地方，设计出“再创造”的教学环境；一个创数学“无处不在”的平台，创建数学探究、实验、实践、体验、操作等探究性学习平台。

二是渐进数学实验的内容。重视数学发现、数学创造过程中具体化和经验化的数学实验选题的基本原则，研发操作性数学实验、数学建模实验、软件模拟实验、思维活动型实验。

三是日臻完善的数学实验的学习方式。探索出“验证型数学实验学习”“探索型数学实验学习”和“理解型数学实验学习”的范式。形成数学实验学习链，理解一种方式：实验类别、意义、内容和操作方式；开一扇科学之窗：实验目标—设计—操作—反馈；经历一个链：分析、探索、总结、推广和特殊化，学生进入自己“做数学”，感受数学境界，亲身体验数学创造与发现。

3. 建模学习促进儿童自我意义的建构

建模学习的目标指向性：培育建模意识、体验建模过程、形成建模思想，在日常的数学学习中建立数学概念、建构数学方法、获得数学思想、形成数学问题解决的能力，在这个过程中获得数学理解、思维发展、经验积累、能力提升等。

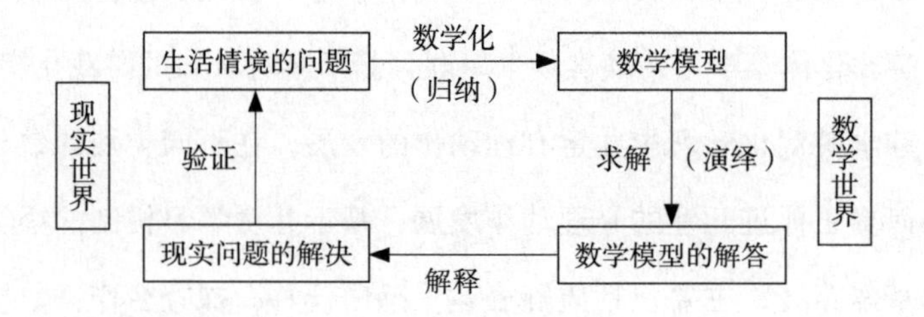

数学模型可以分为概念模型、方法模型、结构模型等。这是儿童经历数学学习“再创造”的过程，形成了一般的学习流程：原型唤醒中提供贴近生活的背景—意义赋予中实现问题简化的过程—经历创造中构建合理的数学模型—协作会话中评价应用数学模型—总结应用中拓展模型，使数学建模意识成为学生思考问题的方法和习惯。

如四年级学习平行四边形、梯形后开展“四边形的整理”的单元课。

（1）选图形：请你选择平行四边形、菱形、长方形、正方形中的任意两个图形。

（2）找特征：找到两个图形的特征。

（3）比异同：比较两个图形的异同，符合特征的在下面的框内打勾。

图　形	对边平行且相等	四边相等	对角相等	四角相等

（4）找关系：想一想这两个图形应该是什么关系？

（5）进阶化：再找出三个有联系的图形继续比较。

培养学生数学建模能力过程中的策略：学程导航中站在“最近发展区”，即基于儿童的生活经验、基于儿童的认知水平、基于儿童的思维方式设计建模课程；小课题研究中创生“建模历程”，借以打通学科界限，促进相互的整合及融通；课程衍生中形成“建模模式”；相似模块中提高“元认知”水平，即在相似的知识模块、思维结构、方法模型中反思、梳理、内化；建模学习让儿童再现了一种“微型的科研过程”，不仅提高了儿童的数学眼光、数学意识和数学素养，关键是还促进了一种数学品质的形成。

站起来的儿童数学教育，弥散着的是一种育人情怀；站起来的儿童数学教育，目标是育人，即为了人的全面、和谐、可持续发展；站起来的儿童数学教育，是一种本质的自然回归，体现的是一种本真的价值追求；站起来的儿童数学教育，是一种不断丰富的教育形态，是教师思维方式、育人模式的超越。

后　记

《中国著名特级教师教学思想录》(二册)出版八年来，收到了广泛的好评，先后加印十余次，许多教育局和学校用来作为新任教师的培训教材，也有许多年轻教师作为自己的案头书，把书中的人物作为自己的人生榜样。

我曾经说过，希望这本书是一个开放的系统，条件成熟时可以不断增补，让它成为记录这个时代教育风云人物的史册，成为照亮教育路程的一盏明灯。

经过几年的积累，《课堂的高度决定学生的高度——中国著名特级教师教学思想录(三)》就要出版了。的确，书中的每位特级教师都有自己的过人之处，都有自己的“功夫秘籍”，但是他们也都有共同的特征——对教育、对孩子、对课堂的热情与热爱。

2023年9月9日，在编校这本书的过程中，恰逢全国优秀教师代表座谈会在北京召开，习近平总书记致信与会教师代表，阐述了新时代教师应该具备的教育家精神。对照书中的这些特级教师，不禁感慨万千，他们身上不正是洋溢着这样的精神吗？这本书中的叙事所折射出来的教育家精神，正是我们学习总书记讲话的好教材。于是，我撰写了《教育家精神的新时代内涵》一文。这里把全文附上，供大家参考。

“教师是人类历史上最古老的职业之一，也是最伟大、最神圣的职业之

一”。广大教师应该要有理想信念、要有道德情操、要有扎实学识、要有仁爱之心[1]——2014年第30个教师节前夕，习近平总书记考察北京师范大学时如此勉励广大师生。这也是习近平总书记对于“四有”教师的首次论述。

信息时代为教育教学带来了日新月异的变化。如何科学有效地应对，是新时代的教师成长必须赢得的挑战。中共十八大以来，习近平总书记高度重视教师队伍建设，站在建设教育强国和中华民族伟大复兴的高度，多次对教师提出了殷切期望。

2016年教师节前夕，习近平总书记来到自己的母校北京市八一学校看望慰问师生时强调，教育决定着人类的今天，也决定着人类的未来。他在与教师座谈时，又提出了四个“引路人”的要求：做学生锤炼品格的引路人、学习知识的引路人、创新思维的引路人、奉献祖国的引路人。[2]

2023年5月29日，在中央政治局关于建设教育强国的集体学习中，总书记提出要“坚定理想信念、陶冶道德情操、涵养扎实学识、勤修仁爱之心”，对“四有”好老师再次进行强调。[3]

2023年9月9日，全国优秀教师代表座谈会在北京召开，总书记致信与会教师代表，阐述了新时代教师应该具备的教育家精神，即应该具有心有大我、至诚报国的理想信念，言为士则、行为世范的道德情操，启智润心、因材施教的育人智慧，勤学笃行、求是创新的躬耕态度，乐教爱生、甘于奉献的仁爱之心，胸怀天下、以文化人的弘道追求。总书记关于教育家精神的论述，是在“四有”教师基础上对教育家型教师的最新凝练，不仅明确提出了优秀教师的基

[1] 李斌，霍小光：《习近平号召全国广大教师：做党和人民满意的好老师》，2014年9月9日，新华网。

[2] 霍小光，张晓松：《习近平在北京市八一学校考察时强调教师要做学生奉献祖国的引路人》，2016年9月9日，新华网。

[3] 新华社：《习近平在中共中央政治局第五次集体学习时强调　加快建设教育强国　为中华民族伟大复兴提供有力支撑》，2023年5月29日，中华人民共和国中央人民政府网。

本要求与条件，强调了新时代教育家精神的内涵与特点，也为教师的培养和专业成长指明了方向。

在中外教育思想史上，不同时代对于优秀教师和教育家精神有着不同的要求。

孔子提出过“默而识之，学而不厌，诲人不倦”的总纲领，荀子也提出了为师之道的四个要求：“师术有四，而博习不与焉：尊严而惮，可以为师；耆艾而信，可以为师；诵说而不陵不犯，可以为师；知微而论，可以为师。”希望教师应该有尊严，有威信，有丰富的教学经验，能够有系统、有条理地传授知识，能够通晓教材的精粗，善于阐发微言大义等。[1]

被称为“德国教师的教师”的第斯多惠特别强调教师应对教育事业持有无比真诚的热爱：“真正且永不消失的教学热情必须建立在对教师职业的热爱之上；对教师工作的心驰神往，必须建立在对学生世界的热忱之上。至于教学的具体形式如何，则是次要。”[2]被称为“教育百科全书”的苏联教育家苏霍姆林斯基也说过：“在教师的个性中是什么东西吸引着儿童、少年和青年呢？是什么东西使他们成为你的名副其实的学生呢？是什么东西使你的学生从精神上联合起来，并使集体成为思想上、道德上和精神心理上的统一体呢？理想、原则、信念、观点、兴致、趣味、好恶、伦理道德等方面的准则在教师的言行上取得和谐一致，——这就是吸引青少年心灵的火花。”[3]

教育强则国家强，教师强则教育强。建设一支高水平的具有教育家精神的教师队伍，是建设教育强国的题中应有之义，也是实现中华民族伟大复兴的中国梦的重要前提。

---

〔1〕 朱永新：《中国古代教育思想史》，中国人民大学出版社 2012 年版，第 222—223 页。
〔2〕 第斯多惠：《德国教师培养指南》，袁一安译，人民教育出版社 1990 年版，第 23 页。
〔3〕 苏霍姆林斯基：《培养集体的方法》，安徽大学苏联问题研究所译，安徽教育出版社 1983 年版，第 206 页。

如何成长为一名具有教育家精神和水平的好老师呢?

心有大我、至诚报国的理想信念，是教育家成长的重要根基。理想信念，是源头活水，是教育家成长的不竭动力。总书记指出：正确的理想信念是教书育人、播种未来的指路明灯。心有大我，就是要超越个人名利的小我，就是把个人的教育志向与国家的前途、民族的命运、人民的幸福联系在一起 。教育的每一天都是新的，只有具有强烈的理想信念、使命感、责任感，才能够不断地挑战困难，也才能拥有诗意的教育生活。

言为士则、行为世范的道德情操，是教育家成长的言行规范。道德情操，是境界修为，是教育家成长的行为准则。学生是最伟大的观察家和模仿师，教师的一言一行，都会对学生产生深刻的影响。良好的道德情操，要求教师学会注意自己的言行举止，在课堂、校园内外为学生树立良好的榜样，在处理好工作与生活以及自己与他人、与集体、与国家的关系中，成为一个不断自我提升的人。

启智润心、因材施教的育人智慧，是教育家成长的核心利器。育人智慧，是方法路径，是教育家成长的实践工具。教育不是简单地把知识从教师的脑袋装到学生的脑袋，不是让学生学习冷冰冰的知识，而是启迪智慧，陶冶人格，塑造灵魂。教育不是用统一的标准、统一的教材、统一的方法把本来具有无限可能性的学生培养成千篇一律的“单向度的人”，而是因材施教，让每个学生成为最好的自己。这就要求教师掌握心理学的知识和方法，懂得青少年儿童成长的内在规律。

勤学笃行、求是创新的躬耕态度，是教育家成长的修炼之道。躬耕态度，是职业精神，是教育家成长的不二法门。教育家和教书匠的最大区别，就是教育家有一种追求卓越的精神和不断创新的勇气。一方面，教育有基本的逻辑，孩子的成长有基本的规律，任何一个教育家都不可能离开前人的教育智慧与思想财富。所以，教师要勤于学习，善于学习，学会站在大师的肩膀上进行专业阅读，站在自己的肩膀上进行专业反思，站在团队的肩膀上进行专业交往。要乐于阅读学习他人的成功经验，乐于分享自我的成长所获，在不断践行中总结提升，让一线经验完善丰富为教育智慧。另一方面，每个孩子都有独特的色彩、旋律和内涵，每个教室都有自己独特的生活与故事，这就需要教师能够不断求是创新，建立自己的风格、自己的体系。

乐教爱生、甘于奉献的仁爱之心，是教育家成长的情感力量。仁爱之心，是幸福之本，是教育家成长成就之根。仁者爱人。孔子曾经把“己所不欲，勿施于人”和“己欲立而立人，己欲达而达人”作为仁的主要内容。因爱人，而互爱，教育从而拥有了生命的温度。一颗仁爱之心会保证教师良好的生命状态，会确保专业技能的正常发挥。一个厌恶教育的人，一个不喜欢学生的人，肯定不可能成为教育家。教师的职业幸福感不仅是一种前进的情感力量，能够激发自己创造更多幸福，也是理想信念的重要源泉。

胸怀天下、以文化人的弘道追求，是教育家成长的胸襟情怀。弘道追求，是天下责任，是教育家成长的人文底蕴。苏霍姆林斯基说过，孩子在离开学校的时候，带走的应该不仅仅是分数，更重要的是要带着他对未来社会的理想的追求。小小的教室，联结的是大大的世界。学校的世界和外面的世界应该是息息相通的，教师的社会责任感，影响着学生的社会责任感；校园的教育方式，教师的民主作风，直接影响到孩子们的生活方式。教师在课堂里面和学生讨论战争与和平、公平与正义、人口与环境等问题，才能唤起孩子们对这些问题的关注。如果教师们整天关心的是名次，是分数，孩子们的心胸怎么能开阔？

总书记指出：“一个人遇到好老师是人生的幸运，一个学校拥有好老师是学校的光荣，一个民族源源不断涌现出一批又一批好老师则是民族的希望。”〔1〕新时代正在呼唤新一代教育家型教师。我们相信，会有越来越多的教师以总书记关于教育家精神的论述为人生方向与行动指南，在教育实践中不断成长，成为

〔1〕 习近平：《做党和人民满意的好老师——同北京师范大学师生代表座谈时的讲话》，2014年9月9日，新华网。

学生生命中的贵人，书写教育生命的传奇！

2023年1月20日写于北京滴石斋

感谢本书的各位作者，他们用不同的叙事方式，讲述了自己在课堂教学方面的长期探索、酸甜苦辣、经验教训，真实呈现了一位优秀教师成长的过程，也为我们学习教育家精神提供了许多鲜活的案例。

感谢新教育研究院、新阅读研究所的同仁协助我做了大量的具体工作。

最后，特别感谢华东师范大学出版社北京分社的李永梅社长和杨坤老师以及本书的责任编辑韩贝多，她们认真细致、精益求精，为本书的顺利出版作出了重要贡献。

朱永新

2023年9月20日写于北京滴石斋